CAROLA FERSTL

FRAUEN SIND DIE BESSEREN ANLEGER

Für meine geliebte Oma

CAROLA FERSTL

FRAUEN SIND DIE BESSEREN ANLEGER

So nutzen Sie Ihre psychologischen Stärken
für den Börsenerfolg

Die Deutsche Bibliothek – CIP-Einheitsaufnahme

Ferstl, Carola:
Frauen sind die besseren Anleger: So nutzen Sie Ihre psychologischen
Stärken für den Börsenerfolg / Carola Ferstl / Landsberg am Lech :
mvg-verl., 2000
   Einheitssacht.:
   ISBN 3-478-72880-0

© der deutschsprachigen Ausgabe 2000 bei mvg-verlag im verlag
moderne industrie AG & Co. KG, Landsberg am Lech

Umschlaggestaltung: Felix Weinold, Schwabmünchen
Satz: Fotosatz H. Buck, Kumhausen
Druck: Himmer GmbH, Augsburg
Bindearbeiten: Thomas-Buchbinderei, Augsburg
Printed in Germany 72880/9001502
ISBN 3-478-72880-0

INHALTSVERZEICHNIS

Teil III
Das Geheimnis: Gefühl und Ganzheit

Teil IV
Die Königinnen-Strategie

Teil V
Anhang

VORWORT

Ist auch in Ihrem Bekanntenkreis das Börsenfieber ausgebrochen? Kaum ein Gespräch ist noch ohne Aktienkurse und Fachchinesisch möglich, selbst Ihre beste Freundin trifft sich lieber mit Ihrem Bankberater als mit Ihnen? Dann wird es höchste Zeit, dass Sie selbst aktiv werden, dass Sie selbst unter die wachsende Zahl der Neuaktionäre gehen. Denn Sie haben die besten Voraussetzungen, erfolgreich an der Börse zu sein. Und das, obwohl Sie wahrscheinlich noch nie einen Geschäftsbericht in den Händen hatten. Der Aktienerfolg schlummert bereits in Ihnen, auch wenn Sie es bisher nicht geahnt haben. Denn Frauen sind die besseren Anleger.

Das ist nun nicht nur der Titel dieses Buches, sondern eine vielfach gemachte Erfahrung und sogar statistisch erwiesen. (Alle Leserinnen und Leser, die nicht weiterlesen wollen, ehe sie Beweise gesehen haben, blättern jetzt bitte auf S. 11 und 48.)

Woher kommt nun aber dieser offensichtliche Erfolg an der Börse, was macht uns Frauen zu den besseren Anlegern? Dieser Frage bin ich nachgegangen und habe dabei eine interessante Entdeckung gemacht:

Bisher wurde die weibliche Erfolgsformel mit Risikoaversion, also der Angst vor Verlusten, gleichgesetzt. Frauen kaufen nur Aktien, die ein geringeres Risiko haben, und lassen sie liegen. Damit fahren sie zwar nicht so hohe Renditen ein, gewinnen vor den risikofreudigen Herren der Schöpfung aber häufig, weil sich die männlichen Börsianer mit dem ein oder anderen hoch riskanten Flop ihre gute Performance vermasseln oder durch häufiges Herumfuhrwerken im Aktiendepot – außer Spesen für die Bank – nichts verbuchen können.

Diese Schwarzweißmalerei gefiel mir nicht. Ich kenne selbst einige sehr erfolgreiche Anlegerinnen, die begeistert in amerikanische Nasdaq-Werte investieren (diese Aktien gelten allgemein als riskant), dagegen gibt es männliche Börsianer, die mit großen Standardwerten, also sehr sicheren Anlagen, reichlich Geld in den Sand gesetzt haben.

Also muss eine andere Erklärung her für den weiblichen Börsenerfolg. Und die hört sich so an:

Schon die alten Gurus wussten es: Die Börse ist Psychologie. Stimmungen und Meinungen sind häufig wichtiger als nackte Zahlen. Erst die Anleger machen daraus einen Kurs. Und Anleger sind auch nur Menschen. Also projizieren sie ihre sämtlichen Hoffnungen und Erwartungen in das Börsengeschehen. Vor allem Gier und Angst sind die stärksten Emotionen, die wir am Aktienmarkt immer wieder erleben. Geht es rauf mit den Kursen, dann treffen Sie kaum jemanden, der nicht mit Begeisterung zum Kauf rät und die berühmten Dollarzeichen in den Augen hat. Umgekehrt reagieren viele Anleger beim kleinsten Kursverlust mit Panikverkäufen – ohne Rücksicht auf Verluste.

Starke Gefühle, mit denen viele nicht immer richtig umgehen können. Frauen tun sich da meist leichter. Denn was sind Gefühle anderes als Psychologie? Und gerade dieses Moment können wir Frauen in unseren Anlagestrategien besser einschätzen. Wir nehmen die Beweggründe der Marktteilnehmer intuitiv frühzeitig war und können unsere große Menschenkenntnis mit einbringen. Aber nicht nur das: Frauen zeigen vor allem ein besseres, sprich überlegteres, Verhalten. Sie sind in der Lage, die ökonomischen Ursachen des Börsengeschehens nüchterner abzuschätzen. Dadurch können sie die Gewinnchancen der eigenen Papiere viel realistischer beurteilen. Frauen können daher den Werdegang der eigenen Papiere auch viel sachlicher beobachten. Sie lassen sie bei guter Entwicklung tatsächlich eher im Depot liegen. Sie vermeiden dadurch, ständig ihr Depot umzuschichten und damit den Gewinn letztlich zu schmälern.

Welche Erklärung gibt es dafür? Statistiken rund um den Globus belegen es: Frauen erzielen mit ihren Aktiendepots ein um 1,4 bis 5 Prozent besseres Ergebnis als die Männer. Frauen verhalten sich, das weiß man inzwischen aus der Persönlichkeitsforschung, grundsätzlich anders. Wir Frauen besitzen eher das, was als emotionale Intelligenz bezeichnet wird. Unsere Stimmungslage ist im Allgemeinen ausgeglichener und wir können unsere Gefühle umsichtig und klug regulieren. Die eigentliche Stärke von uns Frauen an der Börse ist die emotionale Intelligenz – und damit die Intuition. Denn emotionale Intelligenz bedeutet die Kombination von Herz und Verstand, von Kopf und Bauch. Und manchmal eben auch den Mut, der inneren Stimme zu vertrauen. Frauen sind daher bei der Aktienanlage nicht vorsichtig oder konservativ – wie es immer heißt –, weil sie risikoscheu sind. Nein – wir Frauen sind risikobewusst!

So viel zum grundsätzlichen Unterschied zwischen Mann und Frau. Lassen Sie mich bitte noch ein Wort zur Psychologie sagen. Es ist inzwischen wissenschaftlich erwiesen, dass Börse Psychologie ist. Und zwar durch die so genannte Financial-Behavior-Theorie, einem jungen Zweig der Finanzmarkttheorie. Sie geht davon aus, dass das Verhalten das Marktgeschehen wesentlich beeinflusst. Die klassische Finanzmarktlehre hingegen geht davon aus, dass ausschließlich wirtschaftliche Fakten entscheiden.

Die Financial Behavior aber geht zugleich über die gängigen Erklärungen großer Börsengurus und -psychologen wie Kostolany hinaus. Sie weist nach, dass nicht nur Gier und Angst für Kursbewegungen verantwortlich sind. Hinzu kommen auch noch psychologische Grundbedürfnisse wie der Wunsch nach Kontrolle, wobei – und das ist meiner Ansicht nach der Punkt, den alle bisherigen börsenpsychologischen Erklärungen vernachlässigen – diese Grundbedürfnisse bei Männern und Frauen unterschiedlich sind. Gerade das Bedürfnis nach Kontrolle ist z.B. bei den Männern sehr stark ausgeprägt und oftmals die Ursache dafür, dass sie an der Börse Fehler machen.

Die Finanical Behavior hat mir die Augen für die Bedeutung der unterschiedlichen psychologischen Voraussetzungen von Mann und Frau geöffnet und mich dann veranlasst, den großen Börsenerfolg der Frauen erstmals nicht mehr nur mit Risikoscheu zu erklären. Frauen ticken einfach anders als die Männer und das ist ihr wahres Erfolgsgeheimnis.

Allerdings war das auch eine Erkenntnis, die mich nachdenklich machte. Es ist schade, dass gerade Frauen lange Zeit wenig an der Börse vertreten waren. Denn neben dem Talent des Risikobewusstseins haben wir auch noch viele andere Stärken.

So haben wir z. B. immer das Ganze vor Augen. Deswegen legen viele von uns häufig auch eher soziale und ethische Kriterien bei der Auswahl der Aktien an. Aktiengewinne bestehen für uns Frauen dann auch nicht allein aus dem rein finanziellen Gewinn. Nein, ein Aktiengewinn ist für uns erst dann ein Gewinn, wenn er uns den größten aller Gewinne ermöglicht – nämlich denjenigen, es sinnvoll einzusetzen.

Mir auf jeden Fall ist das durch mein Aktienengagement gelungen. Ich konnte es mir schließlich leisten, meine pflegebedürftige Großmutter aus dem Heim zurückzuholen. Seitdem habe ich das Gefühl, dass die Familie wieder vollständig ist. Ich selbst fühle mich erfüllt und auf eine ungewöhnliche Weise reich.

Ich hoffe, dass ich Ihnen mit diesem Buch Mut machen kann, Ihre psychologischen Stärken an der Börse einzusetzen. Und mit diesem Appell möchte ich mich gleichzeitig an die Männer wenden. Auch Männer besitzen natürlich die Fähigkeit der emotionalen Intelligenz. Allerdings ist bei ihnen vielleicht noch etwas Arbeit nötig, um sie zu entfalten. Aber es lohnt sich, gleich heute damit zu beginnen.

Teil I

Von Investment-Ladys und Profi-Traderinnen

WARUM BÖRSE UND BÖRSEN-
ERFOLG WEIBLICH SIND

Frauen sind auf dem Vormarsch – im Beruf wie an der Börse. Das ist kein frommer Wunsch mehr, sondern tagtägliche Realität.

Die Gurus der Finanzwelt sind längst nicht mehr rein männlich. Sie heißen nicht mehr nur Warren Buffet, Peter Lynch oder André Kostolany, sondern es sind auch Frauen wie Mary Meeker, die Königin der Internet-Analysten, und Abby Joseph Cohen. Ihr sagt man größeren Einfluss an der Börse nach als Alan Greenspan, dem Chef der US-Notenbank.

Auch in Deutschland wendet sich das Blatt zu Gunsten der Frauen. Hier ist der mächtigste Fondsmanager eine Fondsmanagerin: Elisabeth Weisenhorn. Die begeisterte Skifahrerin und Mountainbikerin führte jahrelang mit ihrem Investa-Fonds die internationalen Fonds-Hitlisten an (siehe auch folgendes Interview). Vor kurzem hat sie sich endlich einen Traum erfüllt und mit einem eigenen Fonds selbstständig gemacht: mit dem ersten allein von einer Frau gemanagten Fonds.

Interview Weisenhorn:

Carola Ferstl: *Frau Weisenhorn, ein Großteil der 13 Fonds, die Sie für Ihren Ex-Arbeitgeber, die Deutsche-Bank-Tochter DWS, betreuten, führten die Ranglisten der besten deutschen Investmentfonds an. Und zwar glänzten sie langfristig mit Spitzenrenditen von bis zu 14 Prozent. Zufall?*

Weisenhorn: Nein, sondern das Ergebnis harter Arbeit. Aber Grundvoraussetzungen sind natürlich auch Begabung, analytische Fähigkeiten und bestimmte persönliche Eigenschaften wie Entscheidungsfreude, Tatkraft und Verantwortungsgefühl.

Worin besteht die harte Arbeit?

Weisenhorn: Nun, ich studiere tagein, tagaus Unternehmens- und Konjunkturdaten; studiere Marktpotenziale und Produktchancen. Denn als Grundlage für meine Entscheidungen muss ich mich strikt an rationale Kriterien halten. Wichtig ist zudem der Kontakt zu den Vorständen, die glaubhaft und nachvollziehbar ihre Pläne sowie Strategien darlegen müssen. Dieses Vorgehen – Fundamentalanalyse genannt – ist unbedingte Voraussetzung. Schließlich bin ich für die Ersparnisse vieler Anleger verantwortlich.

Mir fällt auf, dass Sie überhaupt nicht kriegerisch und knallhart wirken. Dabei sind Sie, wie es einmal die Bild am Sonntag *treffend formulierte, bei den Unternehmenschefs gefürchtet. Manche würden vorher Bilanzen büffeln, um alle Zahlen parat zu haben. Andere dächten schnell noch Marktstrategien schlank, um Sie zu überzeugen, heißt es in dem Bericht.*

Weisenhorn: Ich stelle eben hartnäckige Fragen. Das ist aber nicht eine Marotte, sondern Ausdruck meines Anspruchs, wirklich von den Unternehmen überzeugt zu sein, wenn ich Aktien von ihnen kaufe. Immerhin will ich für meine Kunden überdurchschnittliche Renditen erwirtschaften.

Sie waren in der Schule nicht nur in Mathematik sehr gut, sondern auch in Sprachen. Später studierten Sie zunächst Germanistik, Geschichte und Sozialkunde, wechselten dann zu Volkswirtschaft. Sie sind nie eingleisig gefahren. Ist das vielleicht Ihr Erfolgsgeheimnis?

Weisenhorn: Auf jeden Fall bin ich ein Mensch, der versucht, offen zu bleiben, und nicht an alten Erfahrungen festhält. In meinem Job ist das ganz entscheidend. So habe ich z.B. das Potenzial des deutschen Neuen Markts zu einer Zeit erkannt, als ihn viele noch regelrecht verteufelten. Gerade am Aktienmarkt, der ein Stück weit eine Wette auf die Zukunft ist, wo Sie immer unter Unsicherheit handeln, sind vorgeprägte Meinungen mitunter hinderlich.

Man sagt Frauen immer nach, sie seien risikoscheu. Aber Sie haben das Risiko „Neuer Markt" keineswegs gescheut. Und nicht nur das: Beim stark reglementierten Altersvorsorge-Fonds gingen Sie bis an die gesetzlichen Aktien-Ober-

grenzen, mischten den Fonds dadurch regelrecht auf, er-
zielten in 12 Monaten eine Traumrendite von 112 Prozent.
Sind Sie eine weibliche Ausnahme?

Weisenhorn: Tatsächlich brauchen Sie an der Börse auch
ein bisschen Risikofreude. Es geht schließlich um die Zukunft und die ist naturgemäß bei noch so viel Analyse mit
Unsicherheit behaftet. Viele Unternehmen am Neuen
Markt haben großes Potenzial, diese Wachstumsbranche
ist jedoch auch mit höheren Risiken verbunden.

Sie müssen also in der Lage sein, mitunter ungewöhnliche
Entscheidungen zu fällen. Aus dem Bauch handeln Sie da-
bei dennoch nicht?

Weisenhorn: Nein. Wenn ein Gefühl eine Rolle spielt, dann
dasjenige, das mir sagt: Es ist gut so, jetzt ist genug re-
cherchiert. Jetzt musst und kannst du entscheiden. Aber
das stellt sich eben nur auf der Grundlage gründlicher Recherchen und Überlegungen ein.

Aber ein Unsicherheitsfaktor bleibt. Und damit ein Faktor,
der sich nicht der rationalen Vorgehensweise unterordnet.

Weisenhorn: Tatsächlich muss man in meinem Job sowohl
Beharrungsvermögen besitzen, also harte, akribische Arbeit leisten, als auch Flexibilität und Offenheit zeigen.
Manche sind dazu weniger in der Lage. Sie müsssen sich
bis in jedes Detail absichern. Wenn sie dann zu einem Ergebnis kommen, hat der Markt längst reagiert. Diesen Per-
fektionismus will ich keineswegs verteufeln. Er ist eine

große Gabe, aber vielleicht in einem anderen Bereich besser aufgehoben. Die Welt ist zum Glück auch beruflich so vielfältig und groß, dass sie für jede Begabung einen Platz hat.

Flexibilität gilt neben Ausdauer oder Beharrungsvermögen, wie ich in diesem Buch aufzeigen werde, als typische weibliche Tugend. Ist Ihr Erfolg nicht doch ein Erfolg der Weiblichkeit?

Weisenhorn: Ich halte die genannten Eigenschaften eher für individuelle Charaktermerkmale. Aber wenn es in der Persönlichkeitsforschung begründete Hinweise auf die Geschlechtsbedingtheit dieser Anlagen gibt, dann will ich Ihre Frage gern mit Ja beantworten. Ganz generell muss ich sagen: Ich habe mich immer dagegen gewehrt, meinen Erfolg nur auf das Konto „Weiblichkeit" zu verbuchen. Ich würde mich bei meinen Entscheidungen nie nur auf mein Gefühl verlassen. Dazu ist viel zu wichtig, was ich hier tue. Ich kann mich aber auf die Definition einlassen, dass Verstand *und* Gefühl, also der ganze Mensch, eine Rolle spielen sollten.

Frauen wie Elisabeth Weisenhorn bilden nicht mehr die Ausnahme von der Regel. Börse, so hat es den Anschein, ist bald nicht mehr nur dem Artikel nach weiblich. Heute sind bereits rund ein Viertel der Händler an der New Yorker Wallstreet Frauen. Ein beachtlicher Anstieg, wenn Sie bedenken, dass ihr Anteil vor 10 Jahren noch unter 15 Prozent lag! Den Anfang machte am 28. Dezember 1967 Muriel Siebert. Die heute 67-jährige Grand Dame der New Yorker Börse erwarb damals als erste Frau einen der 1366 Sitze an der New Yorker Börse.

10 Jahre später hatte sie bereits ein Heer von 54 weiteren Börsenamazonen.

Die Zeiten sind vorbei, als Frauen am größten Geldumschlagplatz der Welt nur durch Skandale von sich reden machten – wie vor rund 100 Jahren eine gewisse Hetty Greene. Sie sorgte damals als reichste Amerikanerin für Aufsehen. Als ein Mann ihr bei Spekulationen mit Eisenbahnaktien in die Quere kam, war sie erst zufrieden, als sie ihn ruiniert hatte. Nicht umsonst ging sie als „Witch of Wall Street" – die Hexe der Wallstreet – in die Börsengeschichte ein.

Auch Prominente sorgen mit erfolgreichen Investments für Aufsehen: Barbra Streisand verdiente laut Michael Baumann, Korrespondent der *Wirtschaftswoche* in New York, mit Aktien des Internet-Auktionshauses eBay innerhalb eines Monats 130 000 Dollar. Das lockte Freunde und Bekannte an. Designerin Donna Karan überließ ihr 1 Million Dollar zur Verwaltung. Die Schauspielerin verdoppelte das Kapital in kurzer Zeit. Allerdings, das sei hier angemerkt, vor dem jüngsten Crash an der US-amerikanischen Technologie-Börse.

Frauen sind als Anleger auf dem Vormarsch. Unter den ca. 10 Millionen Aktionären bilden sie bald die Mehrheit. 43 Prozent der Kunden der Commerzbank-Tochter Comdirect, Düsseldorf, sind bereits weiblich; ein Anstieg innerhalb von zwei Jahren um 50 Prozent.

Die Börse wird weiblich – auch bei den Privatanlegern

Frauen sind es auch, die durch Gründung zunächst rein weiblicher, dann vielerorts auch gemischter Investmentclubs der gemeinsamen Geldanlage Auftrieb geben. Heute zählt die Schutzgemeinschaft für Wertpapierbesitz (DSW), der in Düsseldorf ansässige Dachverband, bereits an die 6000 Clubs mit weit über 150 000 Mitgliedern. Das gesamte Clubvermögen dürfte sich mittlerweile auf über eine halbe Milliarde Euro belaufen. Vor drei Jahren gab es gerade mal 3000 Clubs.

Wie Pilze schießen vor allem die Damenzirkel aus dem Boden, vor allem in der Schweiz, in Österreich und in Deutschland. Sie tragen so exotische Namen wie Female Money Maker (Regensburg) oder Smart Ladies Investment Club (Zürich). Ihr Ziel: eine satte Rendite.

Der MWF-Investmentclub

In München ist Geldanlage für Frauen längst kein Exotenthema mehr. Einmal im Monat beraten die 16 Mitglieder des MWF Investmentclubs, des Frauennetzwerks Münchner Wirtschaftsforum, mit welchen Aktien sie die höchsten Gewinne machen können. Kaffeeklatsch ist out. Heute treffen sich die Frauen in gemütlicher Runde zum Geldverdienen. In der Kantine der Bavaria-Musikstudios, zwischen Schweinebraten und Quarkdessert, geht's rund: Banker und Analysten referieren über verschiedene Branchen, und wenn die Mitglieder ihre Argumente ausgetauscht haben, wird abgestimmt. Eine Zweidrittelmehrheit entscheidet, was gekauft wird. „Wir informieren uns gründlich über jede Firma, bevor wir kaufen", erzählte Svea Kuschel, eine der Gründerinnen des MWF Investmentclubs, kürzlich stolz der *Süddeutschen Zeitung*. „Da steckt eine Menge Arbeit dahinter. Wer einfach nur sein Geld bei uns abliefern und sich irgendwann den Gewinn abholen will, ist hier falsch", ergänzte sie. Wundern Sie sich, dass der Club satte Gewinne vorweisen kann? Wohl kaum. So viel weiblicher Gemeinschaftssinn, so viel geballte emotionale Intelligenz und Intuition zahlen sich aus. Der Zwischenstand des Damen-Depots betrug Ende 1999 53,4 Prozent Wertzuwachs – mehr, als viele der professionellen Fonds erreichten.

Tipps

Wenn Sie Interesse an einem Investment-Club haben, dann können Sie sich im Internet informieren, z.B. unter www.frauenfinanzseite.de.

■ Hier finden Sie ein Netzwerk deutschsprachiger Frauen-Investmentclubs, in so genannten Boards können Sie Fragen stellen und Erfahrungen austauschen.

Viele Clubs nehmen keine neuen Mitglieder auf, Geld ist auch immer Vertrauenssache!
Warum nehmen Sie die Sache nicht selbst in die Hand und gründen einen eigenen Club?

■ Informationen finden Sie entweder in meinem Buch *Geld tut Frauen richtig gut*, im Internet oder bei der Deutschen Schutzvereinigung für Wertpapierbesitz mit Sitz in Düsseldorf.

■ Suchen Sie weitere Frauen, die Lust auf einen Investmentclub haben, hilft Ihnen vielleicht Ihre Bank, dort können Sie am schwarzen Brett nach weiteren interessierten Damen in Ihrer Umgebung Ausschau halten.

Auch die Banken haben das riesige Potenzial der Aktionärinnen entdeckt. Die Düsseldorfer Stadtsparkasse ist dabei seit Jahren Vorreiterin. So hat sie eine Bankberaterin abgestellt, die sich allein um die sechs Damen-Investmentclubs der Rhein-Metropole kümmert. Damit korrigieren die Bankinstitute einen verhängnisvollen Fehler im Umgang mit den Anlageinteressen von Frauen. Heidi Neumeyer vom ersten und größten Frauen-Investmentclub des deutschen Südwestens, vom Fraueninvest Freiburg (FiF), kann davon ein Lied singen:

Das Drama der begabten Anlegerin

Carola Ferstl: *Frau Neumeyer, Sie gründeten einen der erfolgreichsten Investmentclubs Deutschlands. Aber in gewisser Hinsicht war es eine unfreiwillige Gründung.*

Neumeyer: Das ist richtig. Ausschlaggebend waren für mich persönliche Erlebnisse. Vemögensangelegenheiten in der Familie veranlassten mich, mich mit dem Thema „Geldanlage" auseinanderzusetzen. So befand sich im Wertpapierdepot meiner Mutter ein so genannter Optionsgenussschein. Ein höchst kompliziertes Wertpapier. Diesen Kauf hätte die Bank meiner Mutter gar nicht empfehlen dürfen, denn dazu benötigt der Kunde die Termingeschäftsfähigkeit, d.h. den Nachweis darüber, dass er notwendige Kenntnisse über Termingeschäfte hat. Nun gut, ich wollte herausfinden, was ein Optionsgenussschein ist. Also suchte ich eine Freiburger Geschäftsbank auf. Dort erlebte ich, was viele Frauen erfahren, wenn sie von den Banken eine Beratung in Sachen Aktien wünschen – eine herbe Enttäuschung.

Welcher Art?

Neumeyer: Weil ich eine Auskunft über Optionsgenuss-scheine wollte, wurde ich gleich in die erste Etage geschickt. Dort findet die Erste-Klasse-Beratung für besonders solvente Kunden statt. Ich geriet gleich ich an den Abteilungsleiter. Dieses Gespräch werde ich nie vergessen – ich wurde nicht beraten, sondern von oben herab behandelt, und das angesichts meiner Unwissenheit. Es war einfach grausam.

Sie ließen sich das gefallen?

Neumeyer: Damals, Anfang 1996, war ich darauf innerlich nicht vorbereitet. Ich fühlte mich hilflos. Mein Ziel hatte ich nicht erreicht, d.h., ich war genauso klug bzw. unwissend wie zuvor und verließ die Bank resigniert.

Sie suchten aber noch einmal die Bank auf.

Neumeyer: Ja, das war im Herbst 1996. Ich wollte Telekom-Aktien zeichnen und – wohl im Hinterkopf – auch endlich das Geheimnis des Optionsgenussscheins lüften. Ich geriet wieder an den Abteilungsleiter und es wiederholte sich das gleiche unerfreuliche Spiel. Auf meine Fragen nach den Depotgebühren, Transaktionskosten und praktischen Einzelheiten der Zeichnung und Depoteröffnung erhielt ich nur gequält Auskunft. Ich fühlte mich vollkommen deplatziert. Eine Mischung aus herablassend freundlicher Arroganz und leichter Unterwürfigkeit bei der Erwähnung der sechsstelligen Summen schlug mir entgegen. Außerdem, und das hat mich damals wirklich geärgert, empfahl er mir, ein Sparkonto als Überweisungskonto einzurichten. Begründung: Dies sei kostenlos. Ein ganz normales Verrechnungskonto ist auch gebührenfrei und viel einfacher zu handhaben als ein Sparkonto. Das wusste ich damals immerhin schon. Im Verlauf des ganzen Gesprächs stand ein Azubi neben ihm, dieser sollte die Zeichnung der Telekom-Aktien sowie die Depoteröffnung für mich durchführen.

Ihre Konsequenz?

Neumeyer: Später, als ich mich besser auskannte, habe ich zusätzlich ein Depot bei einer Direkt-Bank eröffnet – wie viele Frauen, die ähnliche Erfahrungen gemacht haben bzw. sich dem erst gar nicht aussetzen wollen. Allerdings hatte ich schließlich doch noch Glück bei der besagten Geschäftsbank. Weil ich unbedingt Optionsscheine kaufen wollte – ich hatte inzwischen in geradezu detektivischer Kleinarbeit herausgefunden, was das ist – geriet ich an einen Anlageberater, der die Berührungsängste und Vorbehalte seines Chefs nicht teilte. Als er zu einer anderen Bank wechselte, folgte ich ihm mitsamt meinem Depot nach. Ich schätze seine persönliche Beratung sowie den Gedankenaustausch. Auf diese Gespräche möchte ich trotz Internet-Broking und Direkt-Banking nicht verzichten, vor allem in turbulenten Börsenzeiten wie diesen.

Eigentlich erstaunlich die Behandlung bei der Geschäfts-
bank, die Sie ursprünglich aufsuchten. Zumal Sie sich ja in
finanziellen Dingen auskennen. Sie verdienen schon lange
Ihr eigenes Geld, wirken nicht nur unabhängig, sondern
sind es auch ...

Neumeyer: Das ist es eben. Ich bin studierte Volkswirt-
schaftlerin, unterrichte Wirtschaftsfächer und kenne mich
in der Materie einigermaßen aus. Dennoch sank mein
Selbstbewusstsein in den Gesprächen mit dem Bankberater
auf den Nullpunkt.

Wie erklären Sie sich das Verhalten des Herrn?

Neumeyer: Man sagt immer, das Papsttum sei die letzte
Bastion der Männer. Aber die Banken sind es offenbar
auch. Ich bin selbst überrascht, wie stark das Tabu in Sachen Frau und Geldwirtschaft in uns allen heute noch
wirkt. Es scheint, als ob Männer selbst heute noch, am Beginn des 21. Jahrhunderts, daran festhalten wollen. Es
scheint ein ganz grundlegendes Tabu zu sein, genauso wie
die Frage der Macht im Geschlechterverhältnis.

Klingt feministisch. Trug nicht vielleicht schlicht Ihre Un-
erfahrenheit in Gelddingen zu den Erlebnissen bei?

Neumeyer: Sicher. Ich hatte tatsächlich keine Ahnung von
Aktien, als ich da hinging. Ich wollte in der Beratung auch
erst einmal eine Art allgemeine Einführung in die Aktienanlage, also ganz grundlegend wissen, was ist ein Depot,
wie verhält sich das mit den Gebühren und Transaktions-

kosten und so weiter. Doch das ist ja legitim. Wir Frauen können nicht einfach die Unwissenheit in Sachen Geldanlage so mir nichts, dir nichts abschütteln.

Wie haben Sie vorher Ihr Geld angelegt? Eher typisch weiblich?

Neumeyer: Typisch weiblich schon, wenn auch nicht auf dem Sparbuch. Ich habe es nämlich nicht gespart, sondern ausgegeben, und zwar, auch das typisch weiblich, eher für schöne Dinge, für Kunst. Ich bin eine leidenschaftliche Sammlerin. Wenngleich auch das eine Art Vermögensaufbau ist. Aber natürlich nicht so ein gewinnorientierter wie die Aktienanlage.

Irgendwann aber haben Sie Ihre Freude, ja Ihre Begabung für die Aktienanlage entdeckt!

Neumeyer: Ja, richtig. Inzwischen bin ich wie andere Frauen auch regelrecht vom Aktienfieber gepackt.

Die in Südbaden erscheinende Badische Zeitung *schrieb über Sie sinngemäß: Sie liefen zwar noch nicht mit Dollarzeichen in den Augen herum, aber sie würden doch jedesmal ganz schön nervös, wenn die nächste* Börse Online *am Kiosk erscheine.*

Neumeyer: Das ist richtig. Aber die Zeitung schrieb auch: Ich wolle andere Frauen mit dem Aktienfieber anstecken. Das ist fast noch richtiger.

Wie kommt es zu diesem missionarischen Eifer? Und wieso gerade Frauen?

Neumeyer: Das eine hängt mit dem anderen zusammen. Ich dachte mir: Wenn du, eine gelernte Volkswirtin, selbstbewusst, unabhängig, schon die Schwierigkeiten mit den Banken hast, wie dann erst all die anderen Frauen ohne diesen privilegierten Hintergrund. Ich dachte da insbesondere an die vielen Frauen, deren Altersvorsorge nicht gesichert ist. Für die ist Wertpapier-Sparen, in welcher Form auch immer, die letzte Möglichkeit, um einen finanziell erträglichen Lebensabend zu haben.

Sie geben jetzt an der Freiburger Volkshochschule Kurse speziell für Frauen. Thema, na was wohl: Geldanlage. Wie sind die Veranstaltungen besucht, wer kommt da vor allem?

Neumeyer: Frauen aller Altersgruppen und Lebensbereiche. Jüngere, Berufstätige wie auch Studentinnen, die Lust haben, sich selbst um ihre Geldanlage zu kümmern. Ältere, die gezwungen sind, sich mit dem Thema zu befassen – auf Grund einer Scheidung oder einer zu geringen Rente. Vielen Frauen wird langsam bewusst, dass ihre Altersversorgung nicht ausreicht.

Wieso bieten Sie die Kurse nur für Frauen?

Neumeyer: Weil so die Frauen einfach mehr Mut haben, sich ihr Unwissen in Sachen Geldanlage einzugestehen, sich zu Wort zu melden und Fragen zu stellen. Männer neigen dazu, in diesem Feld ihre Dominanz unter Beweis zu stellen. Entsprechend verlaufen die Diskussionen. Sind Frauen dagegen nur unter sich, ist die Atmosphäre offener. Wenn die ersten Berührungsängste überwunden sind, entdecken manche Frauen, wie spannend es sein kann, Geld gewinnbringend anzulegen. Aus den Kursen sind in den letzten zwei Jahren immerhin zwei neue Frauen-Investmentclubs in Freiburg gegründet worden.

Erstaunlich, dass nach über 30 Jahren Feminismus, in einer Zeit, die angeblich zunehmend von weiblichen Werten wie Kommunikation und Gefühl bestimmt wird, noch immer so eine Selbsterfahrung nötig ist?

Neumeyer: Stimmt. Ich bin da selbst erstaunt. Aber wie gesagt: Das Thema „Geld" ist wohl die letzte männliche Bastion, die noch fallen muss. Frauen haben da ein ungeheueres brachliegendes Potenzial. Das will ich wecken.

In Sachen „Geldanlage" entwickeln Frauen eine ganz neue Dynamik. Wichtig dafür ist der Netzwerkgedanke. Der jüngste Schritt ist die Gründung des Vereins „Aktionärinnen e.V." im Frühjahr dieses Jahres. Für einen solchen Schritt war es höchste Zeit, wenn man dem Credo der Gründerin Anneliese Hielke, streitbare Ex-Sprecherin der Schutzgemeinschaft der Kleinaktionäre, lauscht: „Frauen sind schon immer Aktionärinnen. Da ist der Faktor Erbe: Der Mann stirbt und die Frau übernimmt die Aktien."

Was aber sagt sie zu dem Vorwurf, den die Boulevardpresse immer wieder empörten Lesern in den Mund legt: dass inzwischen Hausfrauen das Haushaltsgeld verspekulierten, und dadurch nicht nur den eigenen Haushalt, sondern auch die Stabilität der sonst so vernünftigen Börse gefährden. „Darüber kann ich nur lachen", sagt sie. Von einer Milchmädchen-Hausse zu sprechen, sei eine Abqualifizierung von Frauen. „Natürlich gibt es Spekulation auf beiden Seiten. Warum soll es Frauen nicht reizen, mit einer Anlage von 10 000 DM zur Millionärin zu werden?"

Sind Frauen denn die besseren Anlegerinnen?

Hielke in der *Süddeutschen Zeitung*: „Frauen lassen sich nicht so schnell nervös machen. Und sie verfügen wahrscheinlich über eine Intuition, einen besseren psychologischen Zugang." An der Börse dürfte die Hälfte des Geschäfts auf Psychologie beruhen, davon ist sie überzeugt. Außerdem trauten selbst die Männer den Frauen in Sachen Finanzen einiges zu. „Sonst würden ja nicht so viele ihren Frauen das Haushaltsgeld anvertrauen."

Wie dem auch sei: Die Börse boomt und Frauen tragen ihr neues Selbstbewusstsein in Bezug auf Aktien und Geldanlage in die Welt. Und da ist es auch kein Wunder, dass sich die klassischen Zeitschriften des Themas annehmen. So z.B. *Cosmopolitan*: Im Vorjahr war ich Schirmherrin des ersten Börsenspiels der Frauenzeitschrift.

Typisch der ironische Kommentar der männlichen schreibenden Zunft: „Eine Männerbastion nach der anderen fällt: Zum ersten Mal seit dem Jahr 1250 dürfen Frauen im Albufera-See südlich von Valencia fischen. Die Frauenzeitschrift *Cosmopolitan* veranstaltet ihr erstes Börsenspiel ... Frau ist nicht mehr nur für das Geldausgeben zuständig. Sondern will Geld verdienen."

- Rufen Sie bei Ihrer Bank an und bitten Sie um ein persönliches Gespräch.

- Nehmen Sie sich hierfür etwas mehr Zeit.

- Fragen Sie nach einer Beraterin, wenn Sie sich dann sicherer fühlen.

- Sagen Sie Ihrem Gegenüber, dass Sie sich noch wenig auskennen, von nun an aber aktiv anlegen wollen.

- Lassen Sie sich verschiedene Anlagemöglichkeiten erklären, fragen Sie nach, wenn Sie etwas nicht verstanden haben – ruhig zweimal!

- Ganz wichtig: Kaufen Sie nur Dinge, die Sie wirklich durchschaut haben.

- Wenn Sie sich schlecht behandelt fühlen, wechseln Sie die Bank – das können Sie Ihrem Berater, Ihrer Beraterin dann auch sagen. Das wirkt manchmal Wunder!

■ *Kaufen Sie nur das, was Sie wirklich kaufen wollen!*

Immer wieder erzählen mir Frauen, dass ihnen sozusagen als Allheilmittel eine Kapitallebensversicherung angeboten wurde, wenn sie sich bei Banken und Versicherungen um ihre persönliche Geldanlage kümmern wollten. Jahrelang schien dies die einzige Form zu sein, in der man als Privatmensch investieren konnte. Das wollten uns zumindest die Brüder und Schwestern von Herrn Kaiser weis machen.

Ich kann Ihnen sagen, das ist nicht der Fall. Wenn wir hier mal die steuerliche Bevorzugung der Lebensversicherung vor anderen Sparformen außer Acht lassen, so kann man sagen, dass sie alles andere als eine optimale Ansparform ist.

Mein Problem mit der Kapitallebensversicherung ist die Verknüpfung von Altersvorsorge mit der Absicherung Ihrer Lieben. Genau die ist übrigens das Werbeargument der Versicherungsbranche: Sie versorgen Ihre Kinder im Falle Ihres Todes und sparen, sollte Ihnen bis zum Alter von sagen wir 65 Jahren nichts passiert sein, eine schöne Summe für Ihren Lebensabend an.

Warum aber, so frage ich Sie, muss man beides miteinander verknüpfen? Das kostet nur Ihr Geld! Es ist nämlich nicht so, dass Ihr eingezahltes Geld plus Zinsen am Ende voll und ganz an Sie zurückfließt. Es sind nur etwa 60 Prozent Ihres Versicherungsbeitrages, der angespart wird.

Das liegt zum einen daran, dass Sie natürlich einen gewissen Betrag, der von Anbieter zu Anbieter variiert, aber etwa bei 20 Prozent liegt, für das Risiko zahlen müssen, dass die Versicherung hat. Immerhin könnte es im (für die Versicherungsgesellschaft) schlimmsten Fall passieren, dass Sie gerade mal ein paar Monatsbeiträge gezahlt haben und Ihnen dann etwas zustößt. Dann muss die Versicherung nämlich den vollen vereinbarten Betrag an Ihre Begünstigten auszahlen, hat aber von Ihnen nur einen Bruchteil bekommen.

So funktionieren alle Versicherungen, werden Sie sagen. Völlig richtig. Aber dann sollten Sie auch genau wissen, was es kostet und welcher Teil Ihrer Beiträge darüber hinaus für Sie als Altersvorsorge arbeitet. Denn weitere 20 Prozent Ihrer Lebensversicherungsbeiträge gehen noch einmal für die so genannten weichen Kosten drauf. Darunter versteht man die Gehälter für Herrn und Frau Kaiser, die Miete für Büros, Firmenwagen usw., usw. Der Rest, also die oben genannten 60 Prozent, wird nun tatsächlich für Sie angespart.

Das können Sie auch übersichtlicher haben!

Und da kommen wir zum eigentlichen Punkt: Ich möchte Ihnen nämlich dringend raten, eine Lebensversicherung abzuschließen, wenn Sie jemanden absichern müssen, wie etwa Ihre Kinder. Dafür müssen Sie aber keinen zusätzlichen Ansparplan bei der Versicherungsgesellschaft abschließen. Das Todesfallrisiko können Sie mit einer Risiko-Lebensversicherung absichern. Die ist deutlich günstiger, weil sie am Laufzeitende keine Auszahlung vorsieht. Passiert Ihnen also bis zum Ablauf der Versicherung nichts, so bekommen Sie keinen Pfennig zurück. Das kostet dann aber über die Jahre auch nicht so viel an Monatsbeitrag.

Für Ihr Alter sorgen Sie dann am besten allein vor, indem Sie den eingesparten Betrag in einen Fondssparplan investieren.

Das bieten inzwischen auch schon einige Lebensversicherer an, da sie erkannt haben, dass auch Käufer einer KLV bessere Erträge erwarten und genauer wissen wollen, was mit ihrem Geld geschieht. Ich rate Ihnen aber trotzdem, einen separaten Sparplan anzulegen. Dann haben Sie den weiteren Vorteil, dass Sie jederzeit über Ihr Geld verfügen können. Denn auch hier haben die Kapitallebensversicherungen einen Haken: Sie können erst nach Ablauf einer bestimmten Zeit über Ihr Geld verfügen. Und wissen Sie heute schon, ob Sie nicht vielleicht in 10 Jahren bereits an Ihr Gespartes wollen?!

Bei einem Fondssparplan kommen Sie jederzeit an Ihr Geld, und die Kursgewinne sind nach einem Jahr steuerfrei. Die Erträge aus Kapitallebensversicherungen sind zur Zeit zwar noch nach 12 Jahren steuerfrei. Jedoch sollten Sie sich nicht darauf verlassen, dass das auch in Zukunft so bleibt, da die Besteuerung von Erträgen aus Lebensversicherungen in den vergangenen Jahren immer wieder ein Thema in der Politik war. Für bestehende Policen würde es zwar sowieso keine Veränderung bedeuten, sollten Sie sich allerdings für den Neuabschluss einer Kapitallebensversicherung entscheiden, sollten Sie vorher Informationen über den aktuellen Stand der Diskussion einholen.

KLEINE GESCHICHTE DER BÖRSE

Wenn Frauen langsam die Börse erobern, erobern sie sie im Grunde zurück. Zumindest in Österreich. Als im Jahre 1771 die Wiener Börse ihre Pforten öffnete, hatte nur das „männliche Volk" Zutritt: „Bankrotteuren, Hunden, Behinderten und Frauen" war das Betreten des Geldtempels verboten. Dabei war die österreichische Börse von einer Frau gegründet worden: von Kaiserin Maria Theresia.

Und in Deutschland bekräftigte noch 1896 das Börsengesetz den Ausschluss des weiblichen Geschlechts. Deutsche Frauen dürfen erst seit 1922 die Börse betreten, Schweizerinnen sogar erst seit 1996. Da hat sich also in den letzten Jahren durchaus einiges getan.

100 Jahre im Überblick

■ Zu Beginn des vorigen Jahrhunderts war die deutsche Aktien- und Börsenlandschaft ein Biotop für eine Hand voll vermögender Investoren. Das hat sich im Lauf der vergangenen 100 Jahre kräftig gewandelt. Inzwischen gibt es neben den institutionellen Investoren immer mehr Privatanleger und Hobbyspekulanten.

■ Die Börsen waren stets ein Spiegelbild der Wirtschaft. Von der in Deutschland rasant fortschreitenden Industrialisierung, von Erfindungen und auch von politischen Umbrüchen blieben sie nicht unberührt. Nach einer Hochphase bis in die späten 20er Jahre folgten die Depression und der Nationalsozialismus; unter ihnen wurde der Aktienhandel stark eingeschränkt. Nach dem Zweiten Weltkrieg fielen die deutschen Börsen in einen Dornröschenschlaf. Aus ihm sind sie nie wieder richtig erwacht.

■ „Zum Schluss des Jahrhunderts haben die Deutschen die Aktien wieder entdeckt", sagt der ehemalige Vorsitzende der Frankfurter Börse und heutige Chef des Deutschen Aktien-Instituts (DAI), Rüdiger von Rosen. Die besonders in den vergangenen Jahren stark gestiegene Zahl von Börsengängen knüpfe an eine Entwicklung an, die lediglich für einige Jahrzehnte unterbrochen war. 1922 gab es bereits mehr als 13 000 deutsche Aktiengesellschaften – im Vergleich zu rund 6400 heute. 917 Unternehmen waren damals an der Börse notiert, das sind in etwa so viele wie 1999. Nach dem Zweiten Weltkrieg sank die Zahl der AGs auf 661 und bis 1983 sogar auf 442.

- Vor 100 Jahren war der Börsenhandel etwas Exotisches. Die Börse wurde von einer kleinen vermögenden Anlegerschaft finanziert. Private Investoren kamen aus den oberen Schichten, die zum Teil recht mutig spekulierten. Der kleine Mann fehlte, aber nur Frauen war der Zutritt auch gesetzlich versagt, und zwar bis in die 20er Jahre hinein.

- Die Industrialisierung trieb den Aktienhandel voran, Berlin wurde Börsenzentrum. Im 19. Jahrhundert waren vor allem Anteilsscheine an Bergwerken – so genannte Cuxe – gefragt, jetzt gewannen Papiere von Eisenbahngesellschaften und Maschinenbauern an Beliebtheit. Später waren es Hersteller von Telefonen und Autos, dann die Elektronikkonzerne und schließlich Dienstleister wie Banken oder IT-Spezialisten.

- Eine Beschleunigung brachten die Telegrafen. Davor mussten noch die Effekten, also Aktienpapiere, vom Verkäufer zum Käufer gelangen, heute reicht ein Mausklick zur Order eines Titels.

- Nach einem Boom, der bis 1927 dauerte, ging es mit den deutschen Börsen steil bergab. Von 1931 bis 1932 blieben die Handelsplätze geschlossen. Unter den Nationalsozialisten, denen Aktien suspekt waren, verlor der Aktienhandel an Bedeutung. Zwölf Börsenplätze mussten schließen, ausländische Aktiengesellschaften wurden verboten, Juden, die immer wichtige Finanzmarktakteure gewesen waren, wurden vertrieben oder ermordet. Die Zahl der AGs sank von 5400 auf 2800.

▪ Nach dem Krieg bot die Börsenlandschaft ein trostloses Bild. Währungsreform und stabile Geldpolitik schufen die Grundlage für einen funktionsfähigen Kapitalmarkt, aber es fehlte an Kapital und Aktien waren als „arbeitsloses" Einkommen verpönt. Für die Börsen hat es das Wirtschaftswunder nicht gegeben.

▪ Erst in den 50er Jahren hat die steigende Nachfrage aus dem Ausland den Aktienhandel gefördert. Privatisierungen und Belegschaftsaktien brachten eine weitere Belebung. Dennoch waren deutsche Firmen nur schwer von Börsengängen zu überzeugen. „Wir haben Steine geklopft", erinnert sich der heute 77-jährige ehemalige Chef der Deutschen Bank, F. Wilhelm Christians.

▪ In den 80er Jahren begann in Deutschland eine Aktienkultur zu keimen. Es gab Neuerungen wie die Deutsche Terminbörse und die Schaffung des Deutschen Aktienindexes Dax, in dem aus jeder Branche die wichtigsten Aktien-Gesellschaften vertreten sind. 20 Mitglieder zählt der Dax. Einen großen Schritt machte die Frankfurter Börse vor drei Jahren mit der Gründung des Neuen Markts, „dem Segment für Wachstumswerte, also solche Firmen oder Aktien, die noch jung und klein sind, aber große Wachstumschancen haben". Die Computersysteme Ibis und Xetra läuteten den Siegeszug des elektronischen Aktienhandels ein, der das Parkettgeschäft verdrängt. Zugleich ist das der Beginn, in dem weniger die Handelsplätze als die elektronischen Systeme miteinander konkurrieren.

---

* Mit freundlicher Genehmigung von Reuters

Frauen und Geld

Lange waren Frauen von der Geldwirtschaft ausgeschlossen. Handel wurde immer nur von Männern betrieben und fand in den Tempeln statt, die für die Frauen tabu waren. Noch heute haben Bank- und Versicherungsgebäude oftmals etwas von heiligen Tempeln, die Frauen nur mit Herzklopfen betreten. Nicht umsonst verstummte eine an sich selbstbewusste Heidi Neumeyer gleich beim kleinsten Anlass.

Die Vorherrschaft und das Bestimmungsrecht des Mannes bzw. die Bevormundung der Frau in Sachen Geld bestanden bis zur Mitte des 20. Jahrhunderts. Erst seit 1921 haben deutsche Frauen das Recht auf ein eigenes Konto. Nach dem Familienrecht des BGB entschied noch bis nach 1945 der Mann aufgrund der natürlichen Ordnung der Verhältnisse, wie es hieß, in den das gemeinschaftliche Leben betreffenden Angelegenheiten. Die Frau hatte den Haushalt zu führen. Eine Erwerbstätigkeit war ihr nur mit Zustimmung des Mannes möglich. Das Gesetz zur Gleichstellung von Mann und Frau wurde erst 1958 verabschiedet!

Heute verdienen viele Frauen ihr eigenes Geld und können frei darüber verfügen. Auch in der Partnerschaft kann man Veränderungen feststellen: „Männer akzeptieren es heute durchaus, wenn Frauen mehr verdienen. Viele kümmern sich dann sogar intensiver um die Bedürfnisse ihrer Partnerin und sind so viel kompromissbereiter", schreibt die Hamburger Frauen-Illustrierte *Brigitte* in einem Dossier zum Thema „Geld".

Dennoch: Die meisten Frauen sind nach wie vor geprägt von den uralten Erziehungsmustern. Söhne werden noch immer auf die Rolle des Ernährers und den lebenslangen Kampf um hohes Einkommen und Karriere vorbereitet, bei ihnen werden Eigenständigkeit und Aktivität gefördert. Töchter bekommen inzwischen zwar eine Ausbildung mit, aber sie werden häufig eher zu Sparsamkeit und Bescheidenheit angehalten und dazu, auf die Wünsche anderer zu achten, statt eigene zu haben und durchzusetzen. Die Folge ist eben, dass Frauen sich in Gelddingen noch immer zu passiv verhalten, ihr Geld zu selten investieren und nicht richtig arbeiten lassen, dass sie sich schwer tun, Geld zu fordern (z.B. Gehaltsverhandlungen!). Selbst Frauen in Spitzenpositionen, die im Job Verträge aushandeln und knallharte Finanzverhandlungen führen, zeigen dieses Verhalten. Karriere und Erfolg sind also noch keine Garanten dafür, dass sich die tief sitzenden Erziehungsgrundsätze auflösen. Nur so ist erklärbar,

- dass Frauen in Einstellungsgesprächen ihren Gehaltswunsch nicht durchsetzen,

- dass Frauen, wenn sie sich selbstständig machen, bei der Kalkulation ihr eigenes Einkommen vergessen oder Außenstände nicht einfordern,

- dass Frauen vor gelernter Sorglosigkeit in puncto Geld nur so strotzen und stolz berichten, dass sie zu Geldanlagen überhaupt keinen Bezug haben.

Es führt kein Weg daran vorbei, dass Frauen ihre Einstellungen ändern müssen.

Spätestens seit dem Börsengang der Telekom haben die Deutschen das Aktiensparen entdeckt, und entwickeln allmählich eine Aktienkultur. In dieser Hinsicht sind die USA Vorreiter. In dem Land ist Spekulieren mit Wertpapieren inzwischen populärer als Baseball und Football. In Deutschland wird diese Entwicklung vorangetrieben durch den Zwang zur privaten Altersvorsorge.

Die noch bestehende Ungleichheit bei der Lebens- wie auch der Gehaltssituation sowie die Prognosen zur gesetzlichen Rente machen deutlich, dass vor allem bei den Frauen ein enormer Handlungsbedarf besteht. In den alten Bundesländern verdienen Frauen im Durchschnitt nur 77 Prozent des „männlichen" Gehalts. Gegenüber 96 000 DM Jahresgehalt eines Mannes erhält eine vergleichbar qualifizierte Frau also lediglich 66 000 DM. Viele Frauen verzichten zu Gunsten der Familie trotz einer guten Ausbildung auf ihre berufliche Karriere. Auch nach der Babypause und den Erziehungsjahren arbeiten viele in Teilzeitjobs, pflegen eventuell noch die Eltern. Von den 5,9 Millionen Teilzeitstellen waren 1998 nur 13 Prozent von Männern besetzt.

Frauen müssen endlich ihr mangelndes Selbstwertgefühl in Sachen Geld (und Beruf) über Bord werfen. Bodo Schäfer und ich haben gemeinsam die traurigen Fakten aufgezählt, die sich zum Thema „Frau und Geld" ermitteln lassen:

- 80 Prozent aller Frauen müssen von einer Altersrente von weniger als 800 DM im Monat leben.

- 91,7 Prozent belassen es im Falle einer Eheschließung bei der gesetzlichen Regelung, welche die Frauen erheblich benachteiligt. Dadurch treten bei einer Trennung oder Scheidung oftmals Existenzprobleme auf.

- Die große Mehrzahl der Frauen spart nicht, um Vermögen anzuhäufen, sondern für größere Anschaffungen und für die Kinder. Das Geld, das die Frau spart, wird also ausgegeben. Männer vermehren in der gleichen Zeit eher ihr Vermögen.

- Frauen kommen im Schnitt auf weniger Versicherungsjahre sowie geringere Rentenbeiträge und können durch die meist niedrigeren Verdienste oft weniger zurücklegen. Nicht zuletzt leben Frauen, statistisch betrachtet, sieben Jahre länger als Männer. Wer später nicht alt aussehen will, muss also rechtzeitig vorsorgen.

Frauen sollten endlich die eigenen Finanzen managen, weil sie sich sonst auch um das Erfolgserlebnis bringen, die Männer als die selbst ernannten Herren des Kapitals bei weitem zu übertreffen. Sie können schneller reich werden als Männer!

Doch der notwendige Wandel macht es auch erforderlich, dass Frauen ihre grundsätzliche Einstellung zum Thema „Geld und Liebe", „Liebe und Macht" verändern. Frauen müssen endlich verstehen, dass sich beides nicht ausschließt. Frauen machen nämlich häufig den Fehler, dass sie der harten Macht des Geldes die weiche Macht der Liebe entgegensetzen. Dann kommt es zu solchen Glaubenssätzen wie: Geld macht nicht glücklich, Geld zerstört die besten Familien, Geld und Liebe behindern sich gegenseitig. Diese Einstellungen sitzen tiefer als wir glauben.

Frauen müssen deshalb begreifen, dass erst Geld Unabhängigkeit ermöglicht. Sie müssen außerdem erkennen, dass Liebe und Geld sich keineswegs ausschließen, dass wahrer Reichtum erst aus ihrer Verbindung erwächst, und dass auch Geldanlage erst funktioniert, wenn weibliche Stärke und Werte damit verknüpft werden. In diesem Buch geht es letztendlich darum, Ihnen aufzuzeigen, dass erfolgreiche Geldanlage immer die individuelle Persönlichkeit mit einbeziehen muss, damit aber auch die dem bloßen Geldscheffeln (scheinbar) entgegengesetzten Werte. Wahrer Reichtum ist immer eine Verbindung von innen und außen, von Geld und Liebe.

Tipps

- Machen Sie eine Bestandsaufnahme Ihrer Finanzen (Einnahmen, Ausgaben, Gespartes).

- In einer Familie sollte diese Liste für alle gemeinsam gemacht werden.

- Sprechen Sie zunächst offen mit Ihrem Mann über die gemeinsamen Finanzen. Vielleicht haben Sie das noch nie in Ihrer Beziehung gemacht. („Über Geld spricht man nicht!", heißt es doch.) Gehen Sie also behutsam vor, wagen Sie vielleicht einfach einen zweiten Anlauf, wenn nicht gleich Gesprächsbereitschaft da ist, aber bitte nicht vergessen!

- Führen Sie diese Finanzenliste über einige Monate, so dass Sie ein Gefühl für Ihr Geld bekommen.

- Starten Sie parallel das Gleiche für Ihr eigenes Geld.

- Überlegen Sie, wie viel Sie zurücklegen könnten, 10 Prozent Ihres Einkommens oder Taschengeldes wäre eine tolle Leistung!

- Prüfen Sie, ob Sie Geld vom Staat geschenkt bekommen! Erkundigen Sie sich über vermögenswirksame Leistungen (mehr dazu im Anhang).

DIE BÖRSE VON MORGEN GEHÖRT DEN LADYS

Frauen sind schon heute an der Börse nicht mehr zu schlagen. Weder von den männlichen Hobbyanlegern noch von den männlichen Experten. Schon heute ist Börsenerfolg weiblich, schlägt frau den Dax und so manch hohes Börsentier. Die Zahlen belegen dies eindrücklich:

- Frauen schneiden rund um den Globus bei Börsenspielen besser ab. Wissenschaftler der University of California in Davis untersuchten das Anlageverhalten von 35 000 Kunden eines Discountbrokers über sechs Jahre. Ergebnis: Weibliche Anleger erzielten im Schnitt ein um 1,4 Prozent besseres Anlageergebnis als die Männer, bei Singles unter den Kunden war der Unterschied mit 2,3 Prozent noch größer.

- Eine Stichprobe der Direkt Anlage Bank bei je 150 Depots von Männern und Frauen ergab seit Bestehen der Depots eine um 5 Prozent bessere Performance der weiblichen Anleger.

- Beim Börsentraining der Deutschen Börse sowie des *Handelsblatts* schneiden die Frauen seit drei Jahren besser ab. Zwar stehen sie nie auf den obersten Treppchen, aber im Schnitt ist ihre Performance deutlich besser als die der Männer.

- Auch beim monatlichen Tipp-Spiel des *Handelsblatts* haben die Frauen die Nase vorn. Als Privatanlegerinnen übertrumpfen sie nicht nur die männlichen Kollegen, sondern auch die männlichen Experten. So schreibt die veranstaltende Redaktion selbst:

Geht's um die Geldanlage, sind Frauen erfolgreicher als Männer. Nicht immer, aber immer öfter. Im letzten Handelsblatt-Anlegerspiel standen drei Damen auf dem Treppchen. Ihre Kurs-Tipps zur RWE-Aktie waren besser als die der männlichen Konkurrenz. „Scharf, dass die Mädels gewonnen haben", war ein erster Kollegenkommentar. Auch mancher Anlageexperte gibt kleinlaut zu, dass seine Frau oft ein besseres Börsengefühl hat als er, der Profi. Warum? Vielleicht liegt's an der stärkeren Intuition, an der Entscheidung aus dem Bauch heraus. Zu ihrer Ehrenrettung könnten die männlichen Börsianer das Ergebnis auch als statistischen Zufall erklären. Mindestens jeder dritte Mitspieler ist eine Spielerin. Beim Tipp-Spiel in Vier-Wochen-Takten haben die Männer eine statistische Gnadenfrist bis zum Mai 2002. Erst dann ist der nächste weibliche Dreifachtriumph fällig.

Dies alles sind Beispiele dafür, dass Frauen als Börsianer nicht nur genauso gut sind wie die Männer, sondern besser. Doch ist das Zufall? Nein! Frauen sind durch ihre weiblichen Stärken die besseren Anleger. Die Börse funktioniert zwar nach Gesetzen, die für Frauen und Männer dieselben sind. Aber Frauen können mit diesen Gesetzen besser umgehen. Dass Frauen inzwischen so zahlreich an die Börse streben, ist demnach nicht mit der Notwendigkeit und dem Wunsch nach Befreiung aus der jahrhundertealten finanziellen Unmündigkeit zu begründen. Letztendlich folgen Frauen darin nur dem sicheren Gespür, dass eigentlich sie und nicht die Männer das richtige Händchen für Finanzen und Geldanlage haben.

Denn die Intuition ist der Erfolgsfaktor an der Börse. Ohne sie geht nichts! Es lohnt sich also zu üben! Ein Beispiel gefällig, wie Intuition Frauen gerade in tumultartigen Börsenphasen dazu verhilft, sich einen Überblick zu verschaffen – wenn frau sich denn auch wirklich an ihre Intuition hält?

Carola Ferstl: *Frau Neumeyer, als Mitglied eines Investmentclubs legen Sie eher konservativ an. Außerhalb des Clubs aber spekulieren Sie begeistert und erfolgreich. Inzwischen wollen Ihre männlichen Kollegen Ratschläge und Tipps.*

Neumeyer: Zumindest sind sie nicht mehr so herablassend wie früher. Diverse Artikel über FiF und auch meine Person, z.B. in *Börse Online* oder hiesigen Zeitungen, haben einen gewissen Eindruck hinterlassen. Inzwischen werde ich auch manchmal um Informationen und Ratschläge angegangen. Meine Erfahrung aus vielen Gesprächen mit Männern und Frauen ist (etwas überspitzt) die: Frauen fragen nach und interessieren sich dafür, was andere tun, Männer neigen eher zur Selbstdarstellung, d.h., sie legen ihre Anlagestrategie dar und erwarten eine Bestätigung.

Sie haben einigermaßen glimpflich den Crash am Neuen Markt und an der Nasdaq im Frühjahr diesen Jahres überstanden. Im Gegensatz zu vielen männlichen Anlegern. Haben Sie eine Erklärung dafür?

Neumeyer: Das ist richtig. Ich habe durch rechtzeitigen Verkauf einiger Wertpapiere einen Teil der Gewinne mitnehmen können. Allerdings habe ich leider nicht komplett verkauft. Das Ergebnis ist ein Verlust von 100 000 DM auf dem Papier. Tja, da habe ich ziemlich dumm geguckt und ich ärgere mich noch heute, dass ich meinem Gefühl nicht gefolgt bin.

Ihrem Gefühl? Können Sie das ausführen?

Neumeyer: Ja, es war ein Gefühl, eine Ahnung, im Grunde ein Wissen, das mich zu diesem Zeitpunkt zum Verkauf veranlasste. Eine Gewissheit, die nicht nur bauchbestimmt war, auch Überlegung kam mit hinein. Als ich mir Anfang März den genauen Stand meines Depots ansah, war mir äußerst mulmig zu Mute. Der Kurswert meiner spekulativen Internet- und Technologiewerte hatte sich innerhalb weniger Monate mehr als verdoppelt. Da spürte ich, dass das nicht mehr normal sein konnte. Ich musste handeln.

Dennoch haben Sie nicht komplett Ihrem Gefühl getraut. Warum?

Neumeyer: Die Gier war stärker. Wobei mir das Verkaufen ohnehin schwer fällt. Ich bin leidenschaftliche Sammlerin. Aber vielleicht war auch die Erfahrung noch zu schwach, dass Gefühle an der Börse entscheidend sind. Dass ich also auf meine Intuition vertrauen sollte.

Es spielt also beides eine Rolle: Gefühle wie auch Gefühlskontrolle?

Neumeyer: Richtig. Auf beides kommt es an. Beides gehört vielleicht auch zusammen.

Würden Sie Ihr Gefühl als Intuition bezeichnen?

Neumeyer: Nur teilweise. Denn es verdichteten sich schon vorher Hinweise, dass selbst Nasdaq und Neuer Markt, bei denen ja die alte Methode der Aktienbewertung außer Kraft gesetzt war, doch hoffnungslos überbewertet sind. Also spielte Kalkül eine Rolle. Aber eine Besonderheit der Frauen ist vielleicht, dass sich ein solches Kalkül doch gleich und stark in Handlungsimpulse umsetzt. Das ist dann vielleicht doch eine Art Intuition, Intuition mit Verstand kombiniert.

Was ich persönlich als die eigentliche Intuition bezeichne: natürliche Eingebung mit Denken gekoppelt. Ich folge einem Gefühl nie blindlings. Aber ich nehme es als Hinweis ernst. Ich will damit sagen: Intuition ist, wenn Gefühl durch solide und rational nachzuvollziehende Analyse ergänzt wird. Sind Frauen durch ihr Gefühl vielleicht die besseren Anlegerinnen?

Neumeyer: Das weiß ich nicht. Sie sind trotz ihres Gefühls – oder vielleicht doch wegen – auf jeden Fall genauso gut wie die Männer.

Wagen Sie sich also ruhig an die Börse heran! Wenn Sie noch unsicher sind, beobachten Sie die Börse am Besten erst einmal für ein paar Monate. Sie werden erstaunt sein, wie vertraut Ihnen der zunächst so undurchsichtige Finanzmarkt wird, und wie viel Spaß die Börse machen kann!

Trockenübung

■ Suchen Sie in Ihrer Umgebung nach Produkten oder Dienstleistungen, zu denen Sie eine Meinung haben.

■ Finden Sie heraus, ob dahinter ein börsennotiertes Unternehmen steckt.

■ Im Kursteil einer Wirtschaftszeitung finden Sie den entsprechenden Kurs.

■ Notieren Sie den Startkurs und beobachten Sie „Ihr" Unternehmen über einen bestimmten Zeitraum (1 Monat Minimum).

■ Die Trockenübung funktioniert mit Unternehmen, die Sie gut finden, aber natürlich auch mit denen, die Sie nicht mögen.

■ Checken Sie nach einiger Zeit, ob Sie das richtige Gespür gehabt haben. Bei einem „guten" Unternehmen sollte der Kurs am Ende höher liegen, ein Unternehmen, bei dem Sie ein schlechtes Gefühl hatten, sollte im Kurs gesunken sein.

■ Wenn es nicht geklappt hat, überdenken Sie Ihre Entscheidungen, versuchen Sie herauszufinden, warum Sie daneben gelegen haben, und trainieren Sie weiterhin Ihre Intuition!

■ Übrigens: Inzwischen bieten Ihnen zahlreiche Banken und Finanzberater die Möglichkeit, im Internet zu üben: Virtuelle Depots zeigen Ihnen Ihre Gewinne oder Verluste ganz einfach auf Knopfdruck.

Teil II

Die Hintergründe: Börse ist Psychologie

WAS DIE KURSE UND IHR VERHALTEN REGELT

Ich bin überzeugt, dass wir besonders gut für die Börsenwelt geeignet sind, weil unsere emotionale Intelligenz stark ausgeprägt ist. Auf der Suche nach einer Erklärung dafür fand ich die Antwort in der Lehre der Financial Behavior.

Die Theorie des Financial Behavior befasst sich in erster Linie mit dem Verhalten der Anleger sowie mit einigen daraus resultierenden ungewöhnlichen Aktienmarkt-Phänomenen. Die Disziplin der Financial Behavior (übersetzt: des Verhaltens am Geldmarkt) kommt zu neuen Einsichten, die die ganze bisherige klassische Sicht des Aktienmarkts und des Teilnehmerverhaltens erschüttern:

- Das Verhalten von uns Anlegern bestimmt letztlich das Börsen-Geschehen.

- Dieses Verhalten ist häufig fehlerhaft, es beruht nur selten auf vernünftigen Entscheidungen, die sich an den tatsächlichen, ökonomischen Fakten orientieren.

- Vielmehr folgen wir oft unbewusst primitiven Ur-Instinkten. – Sie hören ganz richtig: Wir alle werden an der Börse unbewusst zum Tier!

Starker Tobak! – Aber ein Aspekt fehlt hier noch: Der Unterschied zwischen weiblichen und männlichen Anlegern. Denn es muss ja einen geben; warum sonst schneiden Frauen bei Börsenspielen besser ab? Oder warum haben sie eine bessere Rendite in ihren Depots?

Für Frauen steht von jeher fest, dass Verstand und Gefühl eine Einheit bilden. Nichts anderes weist auch die Financial Behavior nach. Allerdings sieht diese Theorie die Verbindung von Kopf und Bauch als etwas Negatives an. Ihr wissenschaftlicher Ehrgeiz erschöpft sich in dem Nachweis, dass Gefühle zu falschen Entscheidungen führen.

Das ist ein sehr männlicher Standpunkt. Für uns Frauen steht von jeher fest, dass die Ganzheit positiv sein kann. Wir haben gelernt, mit unseren Gefühlen umzugehen. Damit gelingt uns, wovon alle Ökonomen und Financial-Behavior-Wissenschaftler träumen: ein wirklich kluges Verhalten, das sich sowohl an rationalen wie auch an emotionalen Aspekten ausrichtet.

Das undurchschaubare Dickicht des Aktienmarkts können wir zwar nicht lichten; aber wir können lernen, es in unsere strategischen Überlegungen mit einzukalkulieren. Und wir können lernen, uns in diesem Chaos zurechtzufinden. Denn das Aktiengeschehen unterliegt trotz allem gewissen Gesetzmäßigkeiten. Wie Kostolany schon sagte: An der Börse ist 2+2 gleich 5–1. Er meinte damit, dass jede Fehlreaktion an der Börse irgendwann korrigiert wird. Unsere weiblichen Stärken helfen uns dabei, diesen Grundsatz nicht aus den Augen zu verlieren, wenn es einmal heiß hergeht.

Das hört sich ganz einfach an, aber was müssen Sie dafür tun? Lassen Sie Ihre Gefühle zu und horchen Sie in sich hinein! Denn die Börse ist von der Psychologie geprägt. Sie lässt sich mit der Zahlenmagie all der Analysten und Wissenschaftler nie und nimmer vollständig erklären. Deshalb dürfen und müssen Sie immer Ihrem Gefühl, vor allem aber Ihrer gefühlsmäßigen Klugheit, der so genannten emotionalen Intelligenz, vertrauen.

Denn es ist nicht das Gefühl schlechthin, das uns Frauen auszeichnet, sondern intelligentes Gefühl. Ein wichtiger Unterschied, der, wenn man ihn beachtet, (Aktien-)Gold wert ist.

VON ZWEIERLEI GEFÜHL: DER VERSUCH, DEN WEIBLICHEN BÖRSENERFOLG ZU VERSTEHEN

Schon lange stört mich, dass man(n) den Erfolg der Frauen bloß damit begründet, dass sie risikoscheu und konservativ vorgehen. Mit anderen Worten: Sie schichten ihre Aktiendepots nicht so häufig um, bleiben geduldiger. Außerdem setzen sie bei der Auswahl der Wertpapiere vor allem auf solide Standardwerte. Der Erfolg scheint damit weniger die Leistung der Frauen selbst zu sein; er ist vielmehr ihrer bombensicheren Strategie zu verdanken.

Wer (bei gleichzeitig sorgfältiger Auswahl) kaum im Depot umschichtet, bringt sich nämlich, anders als beim kurzfristigen Handel, erst gar nicht in die Gefahr, mit einer einzigen Niete seine gesamte Performance zu verhageln. Allerdings bringt er sich auch um die Chance, spekulative Gewinne zu machen.

Mich stört an dieser Erklärung schon allein der Umstand, dass Frauen damit immer als Langweiler dastehen, weil sie das angeblich so hohe männliche Gut der Risikobereitschaft vermissen lassen. Außerdem sprach man(n) den Frauen damit immer diejenigen Eigenschaften zu, die Männer für sich persönlich ablehnten.

Ich kenne inzwischen genügend engagierte Börsen-Frauen, die genauso risikofreudig wie Männer sind. Die wild und wonnig spekulieren, also auf kurzfristige Aktiengewinne setzen. Die begeistert zocken – und das äußerst erfolgreich. Der Erfolg von Frauen an der Börse lässt sich also nicht mit ihrer Risikoscheu erklären; es muss etwas anderes sein.

Unsere weiblichen Stärken sind Gefühl und Intuition. Das gilt im normalen Leben, aber insbesondere auch an der Börse. Es ist ein Vorurteil, dass wir nur gefühlsbetont und irrational handeln, dass wir ständig aus heiterem Himmel unseren Standpunkt wechseln, dass wir keine rationalen Prinzipien haben. Die Wahrheit ist vielmehr: Wir ignorieren und unterdrücken unsere Gefühle nicht, sondern wir nehmen sie wahr. Wir besitzen die Gabe, Gefühlen zu vertrauen, sie aber auch zu kontrollieren – ein unschätzbarer Vorteil auf dem Aktienparkett.

Diese Erkenntnis wirft ein neues Licht auf die angebliche Risikoscheu der weiblichen Börsianer. Es handelt sich dabei nicht um ein bloßes Gefühl wie Angst oder eben Scheu. Vielmehr ist es mit rationaler Überlegung verbunden. Frauen sind risikobewusst! Sie wägen das Risiko ab, bevor sie es tatsächlich eingehen.

Deshalb siegen sie bei Börsentrainings und -spielen: weil sie in erster Linie umsichtig sind, weil sie trotz – oder wegen – ihrer psychologischen Merkmale letztlich (bessere) Rationalisten sind.

Im Aktienmarkt ist das ein entscheidender Vorteil. Doch zu dieser Umsichtigkeit führen eben nicht Gefühle wie Furcht, sondern eine wunderbare Mischung aus Herz und Verstand.

Ich möchte Sie mit diesem Buch nicht zu einem Wettkampf Mann gegen Frau auffordern, mir geht es ganz und gar nicht um ein „besser oder schlechter". Ganz im Gegenteil, es geht mir darum, Ihnen Mut zu machen, wenn Sie sich bisher nicht an den Aktienmarkt herangetraut haben. Sie haben Ihre ganz persönlichen Stärken, Männer haben die ihren!

Deshalb würde ich mir wünschen, dass sich aus Ihrem Interesse ein Dialog entwickelt. Ich mache in meinem Umfeld immer wieder diese wundervolle Erfahrung. Wir tauschen Ideen und Erfahrungen rund um das Thema „Aktie" aus. Das sollten auch Sie von nun an versuchen. Sie werden sehen: Ihnen geht nie mehr der Gesprächsstoff aus!

Die graue Theorie wird bunt

Die Welt der Wirtschaft

Die Lehre der Financial Behavior versteht sich als ein Zweig der klassischen Finanzmarkt-Theorie. Das heißt, sie will das bisherige Wissen über die Börse ergänzen. Doch mit diesem Anspruch tritt sie eigentlich etwas bescheiden auf. Im Grunde ist sie eine neue Grundlagenwissenschaft.

Sie vervollständigt also nicht nur das klassische wissenschaftliche Verständnis der Börse, sondern sie stellt es auf eine neue Basis. Sie fügt das fehlende Wissen bzw. das entscheidende Prinzip hinzu.

Paradoxerweise aber geschieht das, indem Financial Behavior ein Prinzip einführt, das die Ökonomie ganz in Frage zu stellen scheint: das der Psychologie. Denn wo immer Menschen interagieren, spielen ganz offensichtlich emotionale Aspekte, menschliches Verhalten, eine Rolle. Es kann also an den Finanzmärkten nicht nur um glasklare Zahlen, Preise und Bilanzen gehen.

Wenn das der Fall wäre, dann wäre die Börse tatsächlich das, wovon Ökonomen, Experten und Analysten wie auch Sie als Privatanleger träumen: Die ökonomischen Vorgänge an der Börse wären klar geordnet und würden auf allseits bekannten Gesetzmäßigkeiten beruhen. Darauf ließen sich Strategien auf-

bauen und kluge Überlegungen sowie richtiges Verhalten würden belohnt.

Erst die Wissenschaft der Financial Behavior, die sowohl wirtschaftliche Analyse als auch menschliches Verhaltens berücksichtigt, ist in der Lage, Ihnen zu erklären, warum Strategien
greifen, warum es überhaupt Sinn macht, sich mit so genannten Fundamentaldaten und technischen Daten (zu beidem
mehr in Teil III) zu beschäftigen und warum das gefühlvolle
Steuern des eigenen Verhaltens so wichtig ist.

Ich möchte hier kurz die klassische Kapitalmarkt-Theorie vorstellen, die sich in ihrer Einseitigkeit und Abstraktheit meiner
Ansicht nach tatsächlich nur Männer ausdenken konnten. Sie
ist graue Theorie, in den Elfenbeintürmen von Universitäten
ausgetüftelt, hoch über den wirklichen Börsen dieser Welt mit
ihrem bunten, wilden, wirren Treiben.

Die klassische Kapitalmarkt-Theorie versucht ganz ohne die
Psychologie als Ursache der Kursbewegungen auszukommen.
Sie konstruiert eine Theorie, die allein auf ökonomischen Fakten beruht. Allerdings muss sie dabei Annahmen machen, die
inzwischen selbst wissenschaftlich nicht mehr haltbar sind. So
kommt der Anleger bei dieser Theorie nur als absoluter Ver-
nunftsmensch vor. Sein Verstand arbeitet vollkommen unabhängig und genauso wie derjenige all der anderen Anleger.
Nun, auch die klügsten Überlegungen und die unsichtigsten
Strategien werden in der wirklichen Welt der Börse immer
wieder enttäuscht. Denn die klassische Finanzmarkttheorie
übersieht, dass menschliches Verhalten immer auch zum Teil
von Gefühlen – Begeisterung, Gier, Angst – geprägt ist.

Kritiker werfen den Hütern der reinen ökonomischen Lehre auch vor, dass sie von einem „Anleger-Androiden" ausgehen, einem Menschen, der wie ein Computer funktioniert. Dessen einzige Betätigung besteht im vollkommen makellosen Verarbeiten von Informationen – er besitzt keine Regung, keinen freien Willen und schon gar kein Gefühl.

Nur mit einem solchen Anleger können die Finanzmarkt-Theoretiker Modelle basteln, die allein auf ökonomischen Fakten beruhen. Diese meist mathematischen und in jüngerer Zeit sogar physikalischen Theorien sind faszinierend komplex und elegant. Nur haben sie alle einen massiven Schönheitsfehler: Sie können das wirkliche Börsengeschehen nicht erklären. Kein Wunder. Sie grenzen nämlich alles aus, was in irgendeiner Form unnormal ist. Und das ist an der Börse insbesondere das individuelle Anlegerverhalten: Das strotzt nur so vor „Fehlern". Das Unnormale ist an der Börse das Normale.

Himmelhoch jauchzend, zu Tode betrübt

Wir kennen schließlich alle so genannte Anomalien – also nicht erklärbare Erscheinungen – des Aktienmarkts. Die bekannteste ist die regelmäßige Überhitzung des Aktienmarkts. Auch das Gegenteil erleben wir immer wieder mit schöner Regelmäßigkeit: Die heftige Abkühlung kennen Sie alle, man spricht vom Crash. Was sagt die Kapitalmarkt-Theorie denn hierzu? Der rationale Anleger, der Anleger-Android, bestimmt doch das Geschehen auf dem Aktienparkett – da kann es doch nicht zu solch heftigen Reaktionen kommen? Der Volksmund hat Recht, wenn er sagt: Grau ist alle Theorie. Es ist einfach zu offensichtlich, dass hier ziemlich unvernünftige Gefühle an der Börse eine Rolle spielen. Ein Beispiel dafür:

Fallbeispiel

Es war ein schwarzer Donnerstag, als im März 2000 der Abwärtstrend an den beliebten, weil exorbitant gewinnträchtigen, Technologie-Börsen in den USA wie in Europa einsetzte. Die bis dato verwöhnten Anleger lernten plötzlich, dass auch die Kurse dieser Bereiche steil nach unten gehen können. Am Neuen Markt rutschten sie allein an diesem Tag um mehr als satte 8 Prozent ab. Rekordverlust! Allein dort wurden die Aktionäre auf einen Schlag um rund 30 Milliarden DM ärmer. „Angstschweiß an der Börse" titelte die *Bild*-Zeitung denn auch treffend in riesigen Lettern.

Was war die Ursache? Nun, nicht allein der Umstand, dass die Kurse an diesen Börsen hoffnungslos überbewertet waren. Zwar hatten Analysten aller Herren Länder schon lange davor gewarnt, doch glauben wollte es keiner. Man sagte einfach, dass die jungen Technologiewerte nicht so bewertet werden könnten wie alte, traditionelle Unternehmen.

Eine Erklärung war schnell gefunden: Das Kapital der Firmen waren (noch) nicht die Gewinne, sondern ihre Phantasie und Innovationskraft. Es schien absehbar, dass diese Unternehmen eine große Zukunft vor sich hätten. Nicht umsonst kaufte Internet-Dienstleister American Online (AOL), ein Vorzeige-Unternehmen der so genannten Neuen, den Filmkonzern Time Warner, ein Konzern der so genannten Alten Wirtschaft. Ein Wachwechsel schien sich weltweit abzuzeichnen. Die jetzt noch hoch verschuldeten jungen Technologiefirmen könnten bald die großen Konzerne von morgen sein – und sich die großen Unternehmen von heute einfach einverleiben; so dachte man. Insofern waren ihre steilen Kursanstiege und auch das enorme Interesse der vielen Kleinaktionäre, die sich vor allem an diesen Börsen tummelten, keine große Überraschung.

Nein, die Nervosität der Anleger, die die Kurse mit zum Einstürzen brachte, hatte andere Gründe. Es war am Ende doch die Gier, der alte Börsendämon, der immer in Begleitung von Angst, Panik und Massenhysterie auftritt. Gier hatte die vielen Kleinanleger auf die Fährte dieser gewinnträchtigen Aktien gelockt. Gier hatte sie immer weiter in diese Märkte gehetzt. Gier war aber insbesondere auch dafür verantwortlich, dass sie keine Risikovorsorge getroffen hatten und somit auf die fallenden Kurse sofort reagieren mussten – durch fast panische Aktienverkäufe.

Der Abwärtstrend an den entsprechenden Börsen beschleunigte sich vor allem in den USA allein dadurch, dass zuletzt die Summe des für Aktienkäufe geliehenen Geldes stark zugenommen hatte. „Die Banken", so schrieb seinerzeit die *Süddeutsche Zeitung*, „beleihen Aktienportfolios und fordern deshalb zusätzliche Einlagen in Bargeld, wenn der Wert des Aktiendepots fällt." Die Anleger wiederum, so die Zeitung weiter, mussten Aktien verkaufen, um diese Forderungen decken zu können. Tatsächlich hatte der Chef der US-Notenbank, Alan Greenspan, wiederholt vor den Risiken des zunehmenden Aktienkaufs auf Pump für die Stabilität der Wirtschaft gewarnt. Doch die Gewinnchancen waren für die meisten zu verlockend, als dass sein Rat an der Wallstreet befolgt wurde.

Zwar standen trotz der Verluste der Neue Markt wie auch der Nasdaq (die US-amerikanische Entsprechung zum Neuen Markt) noch immer im Plus. Dennoch konnte man für viele Kleinanleger sicherlich die traurige Bilanz ziehen: wie gewonnen, so zerronnen. Viele Anleger sind nicht nur die Aktien los, sondern sitzen nun auf den Krediten, die sie für den Aktienkauf aufgenommen hatten.

Tipps

- Kaufen Sie niemals Aktien auf Kredit! Viele Banken locken mit günstigen Kreditkonditionen. Lassen Sie sich nicht verleiten!

- Kaufen Sie Aktien nur von Geld, das Sie für eine längere Zeit entbehren können! Dann können Sie schwächere Börsenphasen ganz einfach aussitzen. Im langfristigen Renditevergleich schneiden Dividendenpapiere nämlich am besten ab. So hätte ein Anleger, der in den letzten 25 Jahren in Aktien investiert hätte, jährlich durchschnittlich 12 Prozent Rendite eingefahren. Auf dem Sparbuch wären es ca. drei Prozent gewesen.

Gier kommt selten allein

Der Neue Markt war und der Nasdaq waren also gnadenlos überbewertet, weil jeder an der Goldgräberstimmung der neuen Internet-Firmen Teil haben wollte. Diese Internet-Rally war ein Beispiel dafür, wie nicht das schnöde Geld und kühle Analyse der wirtschaftlichen Daten die Börse bestimmt, sondern die Psychologie. Die Ursache für die Kurs-Rally nach oben wie unten sind nicht nur harte Faktoren wie Unternehmensgewinne – wie uns Ökonomen gern weismachen möchten –, sondern ebenso weiche, psychologische Faktoren – in diesem Fall die helle Begeisterung für die Möglichkeiten des Internet-Zeitalters und die Gier nach den versprochenen astronomischen Gewinnen.

Das wäre allerdings nicht weiter schlimm, trüge die Gier nicht schon den Keim des Niedergangs in sich: Sie ist fast zwangsläufig mit Angst verbunden, und das nicht allein aus psychologischen (oder moralischen) Gründen, sondern aus ganz handfesten ökonomischen. Denn die Gier treibt die Kurse künstlich nach oben, bis eine Talfahrt in den Keller immer wahrscheinlicher wird. Schließlich ist das Geschehen so überhitzt, dass eine kleine Irritation, etwa eine beiläufige Nachricht, das ganze Gebilde zum Einstürzen bringen kann. Die Aktienkurse fallen rapide.

In erster Linie sind es Gier und Angst, die für die heftigen Kursausschläge verantwortlich sind. So irrational und unlogisch diese seelischen Phänomene selbst sind, so vorhersehbar ist mitunter das Kursgeschehen, das aus ihnen resultiert. Deshalb lassen sich auf der Irrationalität der Börse durchaus vernünftige Strategien gründen. Es sind womöglich die einzigen

Strategien, die wirklich funktionieren. Die kluge Anlegerin muss Gier und Angst verstehen und wahrnehmen – und nicht etwa aus ihrer Entscheidungsfindung ausschließen, wie es die klassische Finanzmarkt-Theorie tut. Deswegen wird auch kein echter Börsianer Gier und Angst wirklich verteufeln.

Antizyklisches Handeln als Rettungsanker?

Eine klassische Strategie, die große Praktiker wie Kostolany und Kelly propagierten, ist die antizyklische. Sprich: Der Anleger macht eigentlich immer das Gegenteil von dem, was die Masse macht.

Kauft die Masse wie wild, so sind sie diejenigen, die verkaufen, und zwar zu steigenden Preisen, da ja durch die Gier die Nachfrage nach dem begrenzten Gut Aktien explodierte. Verkauft die Mehrheit der Anleger plötzlich panisch, so kaufen sie gute Aktien – zu rapide in den Keller sausenden Preisen. Sie decken sich damit zugleich wieder mit den Aktien ein, auf die die Masse früher oder später wieder setzen würde – hoffen sie. Kelly und Kostolany setzten auf die antizyklische Strategie. Deshalb ließen sie sich auch kaum von fallenden Kursen beeindrucken. Sie nutzten diese als Chance, um sich zusätzlich mit abgestürzten Spitzenwerten einzudecken.

Die Strategie der Antizykliker Kostolany und Kelly ist (war) einfach – denn man spart sich die ganzen Emotionen und macht dennoch eine Menge Geld im Gegensatz zur Masse, die hoch pokert und dann alles verliert. Was man für diese Strategie allerdings benötigt: ein kühles Köpfchen und jede Menge Nervenstärke. Denn man darf sich auf keinen Fall von der Gier und der Angst der anderen anstecken lassen. Und das sagt sich leichter, als es sich praktizieren lässt.

Tipps

- Antizyklisches Handeln sollte man erst dann beginnen, wenn man die Psychologie der Börse verinnerlicht hat, sonst läuft man Gefahr, von der Angst und Gier der andern angesteckt zu werden und seine guten Vorsätze über Bord zu werfen!

- Wichtig ist dabei auch die Auswahl der Aktien. Nicht jeder gefallene Wert gehört demnächst wieder zu den Stars.

- Für Anfänger empfiehlt sich die Börsen-Trockenübung (S. 53). Suchen Sie hierfür z.B. Aktien aus, die stark gefallen sind.

- Versuchen Sie herauszubekommen, woran der Kursrutsch lag. Waren es schlechte Zahlen oder ist die Aktie bei den Anlegern aus der Mode gekommen?

- Üben Sie die antizyklische Strategie über mehrere Monate „im Trockenen", bevor Sie sich an „echte" Aktien heranwagen.

TEIL III

DAS GEHEIMNIS: GEFÜHL UND GANZHEIT

VON WEIBLICHER STÄRKE UND STRATEGIE

Gleich zu Anfang meines BWL-Studiums in Hamburg lernte ich einen Kommilitonen kennen, der frisch aus der Banklehre kam. Er war ganz fasziniert von Aktien und Börse und steckte mich mit seiner Begeisterung sehr bald an. Aber auch ich hatte zunächst Sorge, meine kleinen Ersparnisse zu verlieren. Ich hörte mir also die tollen Geldgeschichten an, hatte aber noch nicht den Mut, selbst Aktien zu kaufen.

Das Ganze spielte sich im Herbst 1987 ab und Sie wissen vielleicht, was kurz darauf passierte! Die Börsen brachen ein, der „schwarze Freitag" im Oktober kostete viele Anleger ein Vermögen. In Deutschland reagierte die Börse dann zwar erst am folgenden Montag, aber die Auswirkungen waren ähnlich verheerend. Mein Studienfreund war in den darauf folgenden Tagen recht wortkarg und zurückhaltend. Ich aber hatte so ein Gefühl! Der Kurssturz hatte alle Werte in Mitleidenschaft gezogen, alle Aktien waren innerhalb von kürzester Zeit 10, 20 oder mehr Prozent billiger geworden. Vielleicht war das doch etwas übertrieben, dachte ich mir. Mein Kommilitone guckte ziemlich unsicher, als ich ihn bat, mir einen deutschen Aktienfonds zu empfehlen. Etwas widerwillig tat er es, er ermahnte mich aber regelrecht, doch noch zu warten. Man solle lieber nicht in ein fallendes Messer greifen, meinte er – eine alte Börsenweisheit, die besagt, dass man lieber nicht in fallende Kurse hineinkaufen soll, sondern besser abwartet, bis der Markt einen so genannten Boden gefunden hat. In meinem Fall war der Boden aber schon gefunden, die Aktien stiegen kurze Zeit später wieder an und mein Gefühl hatte Recht behalten.

War das reines Glück oder steckte mehr dahinter? Meine Erklärung ist folgende: Ich hatte meine weiblichen Stärken eingesetzt. Ich hatte mein Gefühl, meine Intuition benutzt. Außerdem hatte ich einen kühlen Kopf bewahrt und äußerst rational überlegt – als der Markt insgesamt von Panik und Endzeitstimmung beherrscht war.

Also war nicht nur mein Gefühl, dem ich immer sehr vertraue, mein Erfolgsgeheimnis, sondern auch mein Verstand. Ich bin überzeugt, dass beides zusammengehört. Eben weil ich meine Gefühle so stark mit eingebracht habe – auf positive Weise –, konnte ich klare, rationale Entschlüsse fassen. Gefühl und Verstand bilden eine Einheit. Diese ist neben Intellekt und Intuition die Dritte im Bunde der feinsinnigen Waffen, mit denen die Börse zu schlagen ist.

Mein Beispiel zeigt auch: Es ist ein Irrtum, dass das weibliche Gefühl immer nur Gefühlsduselei bedeutet. Im Gegenteil: Es ist mit einem höheren Grad an Rationalität verbunden. Gefühl ist damit kein Gegensatz zum Verstand.

An der Börse sind die beiden ein wunderbares Gespann: Sie sorgen dafür, dass die wichtigsten Tugenden vertreten sind: Selbstkontrolle und Verstand. Vor allem im Hinblick auf das Geschehen auf dem Aktienparkett ist der Verstand natürlich unerlässlich. Er kann dort Wunder wirken, wenn er wirklich frei und unbehindert arbeitet. Und er hilft, ungebändigte Gefühle wie Panik zu kontrollieren. Die Selbstkontrolle ist ohnehin eine eher weibliche Tugend. Sie wird oft auch mit Geduld gleichgesetzt.

Zudem sorgt der Verstand dafür, dass auch die Intuition arbeitet. Was kann uns Größeres an der Börse passieren, als auf unseren sechsten Sinn zurückzugreifen, den richtigen Riecher, das richtige Händchen zu haben? Ein riesiger Schatz an Eindrücken, wichtigen und wertvollen Eingebungen steht uns zur Verfügung. Nicht umsonst bezeichne ich die Frauen gern auch als die idealen Info-Broker. Unter anderem durch die Intuition haben wir beispielsweise die nötige Distanz zu den Experten, die genau wie wir alle auch nur mit Wasser kochen.

Die Frage ist nun, ob sich Gefühl und Ganzheit erwerben lassen. Die Antwort ist: Ja! Das gilt auch für die männlichen Leser. Eben weil die weibliche Stärke etwas Ganzheitliches ist, schlummert sie in „jederfrau" und „jedermann". Weil sie mit dem kühl kalkulierenden Verstand, der traditionell eher dem Mann zugesprochen wird, eng verknüpft ist, kann auch dieser sie bei sich entwickeln. Also, die Ärmel hochgekrempelt und trainiert!

In diesem Teil des Buches will ich Ihnen die verschiedenen weiblichen Stärken und ihre Bedeutung für die Börse vor Augen führen. Außerdem werde ich Ihnen praktische Hinweise geben, wie Sie diese Fähigkeiten erwerben oder verstärken können. Doch es soll auch darum gehen, praktische Konsequenzen für das Verhalten an der Börse aufzuzeigen. Je nach dem, ob Sie eher ein intuitives Wesen sind, ein rationales oder ein gefühlvolles, haben Sie die Möglichkeit, verschiedene Strategien zu kombinieren oder mal in einer konservativeren, mal in einer aggressiveren Form anzulegen – je nach Ihrem persönlichen Investmentziel. Das ist der Vorteil der weiblichen Erfolgsstrategie: Wie im Leben grenzt sie nichts und niemanden aus. Sie dürfen trotz des ganzheitlichen Konzepts, das Weiblichkeit und weibliche Strategie beinhaltet, ein Individualist sein. Auch und besonders an der Börse.

Die Börse ist weiblich

Die Börse scheint nicht zu funktionieren ohne weibliche Tugenden, also Geduld (Selbstkontrolle), Intuition und Vernunft. Sie werden feststellen, dass die Strategien, die ich Ihnen vorstelle, hauptsächlich auf diesen Aspekten aufbauen. Die Börse ist also nicht nur dem Artikel nach weiblich – sie ist es ihrem Wesen nach.

EMOTIONALE INTELLIGENZ UND INTUITION

Im Allgemeinen bezeichnet man als weibliche Stärken Gefühl, Intuition, Geduld, Einfühlungsvermögen, Verlässlichkeit, Flexibilität und Diplomatie. Das ist alles richtig. Aber mir fehlt dabei die Rationalität. Ich bin der Ansicht, dass auch sie eine wichtige weibliche Stärke ist. Dadurch bekommt Weiblichkeit bzw. weibliche Stärke auch eine ganz andere Dimension. Sie wird zu einer Ganzheit.

Ganzheit scheint aber neben dem Einsatz des Gefühls oder der Intuition das zu sein, was an der Börse für optimales Auftreten sorgt. Wir erkennen die Psycho-Fallen leichter und können sie selbst vermeiden. Bei Männern kommt das seltener vor. Männer wollen oft auf ihre Gefühle nicht hören – sie tun sie als „kindisch" ab und unterdrücken sie. Sie verlassen sich gerne ganz und gar auf ihre verstandesmäßige Analyse. Doch gerade deswegen überschätzen sie diese Analyse gerne. Diese Überschätzung, die sie häufig an den Tag legen und die wir als Quelle ihres psychologischen Fehlverhaltens ausgemacht haben, drückt sich darin aus, dass sie ihre eigenen Fähigkeiten überschätzen. Damit geraten sie gefühlsmäßig aus dem Gleichgewicht und treffen die falschen Entscheidungen. Einer Frau, die ihre weibliche, ganzheitliche Seite zeigt und lebt, wird das nicht so schnell passieren.

Das weibliche Zauberwort heißt emotionale Intelligenz, besser bekannt unter ihrem Kürzel EQ. Sie ist das psychologische Vermögen, das in den letzten Jahren das größte Aufsehen erregte. Kein Wunder, es passt sehr gut in den Trend der Zeit: Zwischenmenschliche Fähigkeiten werden auch im Berufsleben – in der Teamarbeit und der Mitarbeiterführung – immer wichtiger. Ein ganzheitlicher Ansatz in der eigenen Lebensplanung ist heute vielen wichtiger als rein äußere, materielle Werte. Der Zeitgeist geht back to the roots, also zurück zu den Wurzeln. Und das meint in diesem Fall: zurück zum Gefühl.

Die Gabe, Gefühle wahrzunehmen und richtig mit ihnen umzugehen, statt sie zu unterdrücken, ist jetzt nicht mehr rein in den weiblichen, häuslichen Machtbereich verbannt, sondern hält auch in allen männlichen Bastionen Einzug: im Berufsleben, der Politik, Wissenschaft und – nicht zuletzt – der Börse.

Die emotionale Intelligenz verkörpert das männlich-weibliche Prinzip. Kein Wunder: Sie ist das notwendige Bindeglied zwischen den beiden Stärken Intuition und Verstand. Sie ist eine Vermittlerin dieser beiden Pole. Deswegen ist sie ja auch für unser Thema so interessant. Letztendlich ist sie auch ein Hinweis, dass weibliche Psychologie, die Verbindung des Gegensatzes Bauch und Kopf, nicht ohne ein vermittelndes männliches Prinzip funktioniert. Deswegen ist diese weibliche Stärke auch jedem Mann zugänglich. Es gilt für ihn aber, sich dafür zu öffnen und bewusst an seiner weiblichen Seite zu arbeiten.

Die emotionale Intelligenz ist aber nicht nur Vermittlerin. Sie ermöglicht uns an der Börse außerdem das Schlüsselmoment der Selbstkontrolle. Ohne Selbstkontrolle ist weder intuitives Handeln noch verstandesmäßige Kontrolle möglich.

Intuition ist also nicht nur bloßes „Gefühl aus dem Bauch". Man verkennt diese Gabe im Allgemeinen. Man übersieht, dass sie die entgegengesetzten Stärken unserer Persönlichkeit vereint. Intuition ist weder blinder Einfall noch höhere Eingebung. Intuition setzt immer verstandesmäßige Überlegung voraus.

Die praktischen Anregungen in diesem Teil des Buches sollen Ihnen dazu verhelfen, die weiblichen Stärken in sich zu entdecken, zu trainieren und erfolgreich an der Börse einzusetzen.

KONTROLLE IST GUT – GEFÜHLVOLLE KONTROLLE IST BESSER

Sie kennen vielleicht den faszinierenden Krimi *Fräulein Smillas Gespür für Schnee*. Smilla liest geradezu in den Schneeflocken und erkennt intuitiv Zusammenhänge, die anderen verborgen bleiben. Oft wünschte ich mir das Gefühl, das Smilla für Schnee hat, für den Aktienhandel. Doch mehr noch wünschte ich mir ihre wunderbare Gabe der Selbstkontrolle. Denn erst dadurch wird sie zu einer gefühlvollen, wenn auch unerschrockenen Person, die es mit den Mördern ihres Nachbarkindes aufnimmt.

Erst später stellte ich fest, dass Smillas Gespür für Schnee und ihre gefühlsmäßige Selbstkontrolle zusammenhingen. Ich las damals gerade Daniel Golemans *Emotionale Intelligenz* – ein Bestseller, der das Kürzel *EQ* binnen kürzester Zeit weltweit bekannt machte. Ich erkannte, dass Smillas Gespür und ihre Selbstkontrolle ein- und derselbe Bewusstseinszustand sind. Goleman nennt ihn die Achtsamkeit – die Grundlage aller emotionalen Intelligenz … Wenn man achtsam ist, nimmt man fortwährend seine inneren Zustände wahr und ist zugleich hellwach der Wirklichkeit zugewandt. Man ist gefühlvoll und doch kontrolliert. Ein Idealzustand für jeden Börsianer. Denn gerade an der Börse ist es wichtig, auch einmal aus dem Bauch heraus zu entscheiden – ohne sich sofort von seinen Gefühlen überwältigen zu lassen.

Golemans Coup: Ein Bestseller geht um die Welt

Menschen spüren instinktiv, dass Gefühl und Verstand zu-
sammengehören – vor allem im klugen Umgang mit sich
selbst. Kein Zufall also, dass Golemans EQ-Buch sofort zum
Verkaufsschlager wurde.

Daniel Goleman arbeitete als verantwortlicher Wissenschafts-
reporter für Psychologie und Gehirnforschung bei der *New
York Times*, als er seinerzeit auf eine neue Wissenschaftszeit-
schrift stieß. „Was glauben Sie, was damals alles an obskuren
akademischen Zeitschriften auf meinem Schreibtisch lande-
te?", erinnert sich Goleman, der die neuesten Forschungser-
gebnisse studierte, um sie in eine allgemein verständliche Sprache zu übersetzen. „Das ist die Fertigkeit, die ich als Wissen-
schaftsautor erlernt habe. Ich bin Übersetzer", so der Autor
einmal in einem Interview.

Er beschrieb jenes Aha-Erlebnis, das er beim Lesen des Arti-
kels *Emotionale Intelligenz* von Peter Salovy und John D.
Mayer hatte. „Emotional Intelligence" sei die Formel gewesen, die alle ihm bekannten Untersuchungen über Kindheits-
entwicklungen bis hin zu den Neurowissenschaften verband;
ein Ausdruck, der alles begrifflich beschrieb, woran er seit
Jahren geglaubt hatte: dass etwas traditionell für irrational
Gehaltenes wie die Emotion wesentlich für etwas ganz Prag-
matisches wie den Erfolg ist. Höchstens 10 Leute, so Goleman, hätten damals den ursprünglichen Artikel gelesen. Der
Rest ist Geschichte.

Golemans Buch *Emotionale Intelligenz* wurde in Deutschland 750 000 Mal verkauft, in über 30 Sprachen übersetzt,

ein Bestseller auch in Asien, Lateinamerika, Australien. Der Gefühlsquotient EQ avancierte damit zum Modekürzel einer psychologischen Richtung, die in Universitätsseminaren ebenso Einzug hielt wie in den Kindergärten rund um den Globus.

EQ ist mehr als eine Mode

Golemans Erfolg begreift man nur, wenn man sich klar macht, dass gefühlsmäßige Klugheit mehr ist als nur eine „Pop-Psychologie", wie Kritiker bis heute nicht müde werden zu behaupten. EQ hat das Zeug zu einer großen wissenschaftlichen Entdeckung, weil sie unser Wissen von Intelligenz und Gefühl – vor allem den Zusammhang beider Begriffe – revolutioniert und weil sie zur rechten Zeit kommt. Die Menschen gieren heute nach einer neuen Definition von Herz und Verstand. Das hat damit zu tun, dass wir am Beginn des 21. Jahrhunderts an der Schwelle zu einer gesellschaftlichen und kulturellen Wende stehen.

Das Kürzel EQ begegnet einem inzwischen allerorten. Kein Wunder. Viele Menschen sind neugierig und fühlen sich „irgendwie" angesprochen. Sie spüren und erleben, dass in unserer Zivilisation die Gefühle im Gegensatz zur Vernunft stark vernachlässigt werden. Sie empfinden das emotionale Defizit, das sich negativ auf alle Lebensbereiche auswirkt. Daher ist von entscheidender Bedeutung, den Gefühlsbereich zielgerichtet zu stärken und auszubauen. Denn nur wenn Gefühl und Intelligenz im Gleichgewicht, wir also „ganz" sind, handeln wir klug.

Auf den Begriff gebracht

Die Abkürzung EQ wurde im Hinblick auf das bekannte
Kürzel IQ (Intelligenzquotient) gebildet. Sie stammt aus
dem Englischen und bedeutet „emotional quality", also
„Qualität der Gefühle". Spricht man von EQ, so meint
man damit die gefühlsmäßige, emotionale Intelligenz.

Der Anklang an den Begriff IQ ist sehr bewusst (also nicht
nur als Marketing-Gag von Goleman) gewählt, ebenso wie
die deutsche Übersetzung: emotionale Intelligenz. In dieser
Bezeichnung stehen Gefühl und Intelligenz gleichgewichtig
nebeneinander. Sie bilden keinen Gegensatz mehr, sondern
gehören eng zusammen.

Das neue Bild von Intelligenz und Gefühl

Der gefühlsmäßigen Klugheit, wie sie im Rahmen des EQ
publik wurde, liegt ein neues, umwälzendes Bild der Intelligenz wie auch des Gefühls zu Grunde. Intelligenz ist nun
nicht mehr nur messbarer Verstand im Sinne von mathe-
matisch-logischen Fähigkeiten. Intelligenz ist sehr vielfältig, sie ist ein Komplex aus Aspekten wie Kreativität, Kommunikation und sozialem Empfinden. „Als Wissenschaftler brauchen Sie Phantasie", heißt es einmal in *Fräulein
Smillas Gespür für Schnee*. Selbst die trockenste Wissenschaft kommt also nicht ohne die Vielfalt aus.

Damit einher geht eine Aufwertung des Gefühls. Das nicht nur, weil Gefühl laut EQ selbst zum Verstand gehört, sondern weil Gefühl und Handlung in einem neuen Verhältnis zueinander stehen. Emotion ist wesentlich für das Handeln, so die Theorie der Gefühlsklugheit. Damit ist Schluss mit dem pseudo-aufklärerischen Irrglauben, dass Gefühl passiv (und damit Frauensache) sei.

Unterstützt wird diese Ansicht durch die Herkunft des lateinischen Wortes *Emotion*. In dem Ausdruck steckt *movere* = bewegen. Denn nur wenn uns etwas „bewegt", sind wir auch motiviert, etwas in der Welt „in Bewegung zu setzen". Emotion steht als Antrieb hinter allen unseren – auch noch so rationalen – Handlungen. Schon die Römer wussten also um die wahre Natur des Gefühls!

Gefühlsmäßige Klugheit ist ein Muss im 21. Jahrhundert

Der Begriff der emotionalen Intelligenz ist zwar nicht mehr ganz so en vogue wie noch vor einigen Jahren. Dennoch spielt der Gedanke dahinter im gesellschaftlichen Leben, Fühlen und Denken weiterhin eine sehr große Rolle. Die emotionale Intelligenz ist die psychologische Bewegung des 21. Jahrhunderts. Sie ist Teil eines Megatrends hin zu „viel Gefühl" und damit zu mehr Weiblichkeit, insbesondere in den Lebensbereichen, wo es bisher nur auf geballtes Fachwissen und/oder Ellbogen ankam.

Selbst für die Managementkarriere gilt mittlerweile, was vor einem Jahrzehnt noch undenkbar war: mit Gefühl nach oben. Entsprechend geht auch in der Personalwirtschaft nichts mehr ohne EQ. Bewerber werden – anhand von Persönlichkeitstests und Rollenspielen – auf ihren Charakter hin geprüft.

Die deutsche Niederlassung der internationalen Unternehmensberatung Boston Consulting Group schickt ihren Führungsnachwuchs, darunter regelrechte Leistungsasse und Intelligenzbestien mit IQ nicht unter 165, regelmäßig nach New York zu teuren Seminaren des Center for Creative Leadership. Was sie da lernen? Selbsterkenntnis und Zuhören, weitere wichtige Disziplinen des EQ.

Alter Wein in neuen Schläuchen?

Aber Entscheidungssicherheit, zuhören können, Selbstkontrolle – sind das nicht menschliche Fertigkeiten, die man bei jedem als selbstverständlich voraussetzen darf? Und ist Gefühlsbildung nicht ein alter Schuh? Gießt Goleman da nicht einfach alten Wein in neue Schläuche?

Tatsächlich entdeckt Goleman (oder die Wissenschaftler, die ihm seinen Bestseller ermöglichten) wieder, was früher als die Grundlage aller Tugenden bekannt war – eben Selbstkontrolle. Doch das ist nicht alles: Er propagiert es, weil der wissenschaftliche Nachweis erbracht ist, dass Tugenden eine äußerst wichtige Rolle für Erfolg und Lebensglück spielen. Auch der IQ als alleiniger Maßstab muss wissenschaftlich relativiert werden. Das ist mehr als eine kleine Sensation in unserer durch den Verstand geprägten Zeit.

EQ und die Wiederentdeckung der Tugenden

Letzendlich führt EQ zu einer Renaissance der Tugenden, wie sie schon Aristoteles beschrieb. Das liegt daran, dass das Gefühl und damit weibliche Stärke in unserer sich rasant ändernden Zeit eine immer wichtigere Kompetenz darstellt. Tugenden wie die Achtsamkeit sind wiederum nichts anderes als verschiedene Formen des kontrollierten, intelligenten Umgangs mit Gefühlen.

In diesem Zusammenhang gewinnt die Klugheit an neuer Bedeutung. In der abendländischen Philosophiegeschichte ist sie eine Kardinaltugend. Sie ist die auf zufällige Situationen bezogene handelnde Intelligenz. Sie setzt neben rein rationalem Kalkül vor allem Erfahrung und Gefühlskontrolle voraus.

Dass die Börse derzeit einen solchen Aufschwung im öffentlichen Interesse genießt, mag nicht nur mit dem nun schon über ein Jahrzehnt anhaltenden Aufwärtstrend vieler Aktien zusammenhängen.

Vielmehr verkörpert sie das wechselvolle, aber durch Klugheit zu steuernde Leben. Mit purer Rationalität war kein Gewinn zu machen. Kelly, Kostolany, Lynch und Buffet arbeiteten auch ohne die mathematisch-statistischen Methoden der Ökonomen. Sie setzten auf den gesunden Menschenverstand und damit auf eine Mischung aus Bauch, Herz und Kopf.

Übungen für den Börsenerfolg durch EQ

Auf den folgenden Seiten werde ich Ihnen emotionale Qualitäten vorstellen, die Sie für Ihren Börsenerfolg einsetzen können. Einige werden Ihnen banal vorkommen, andere müssen Sie vielleicht erst noch in sich entdecken und trainieren. Die vorgeschlagenen Übungen müssen Sie nicht sofort machen, Sie können auch zunächst das Buch zu Ende lesen und dann hierher zurückkommen. Später sollten Sie sich aber immer wieder daran erinnern. So können Sie Ihre Aktienentscheidungen emotional „absichern".

■ *Selbstwahrnehmung:* Erkenne dich selbst! Das stand schon als Wahlspruch über dem Orakel von Delphi im alten Griechenland. Er ist für den Börsenerfolg sehr wichtig, auch wenn Sie im ersten Moment gar nicht glauben, dass Ihre eigene Person eine so große Rolle spielt.

Sind Sie ein fürsorglicher Familienmensch, dem das Wohlergehen von Mann und Kindern am Herzen liegt, oder leben Sie nach dem Motto „Jetzt oder nie" und stellen dann schon am 15. des Monats fest, dass das Gehalt auch diesmal wieder nicht ausreicht? Ist für Sie ein bisschen Risiko bei einem Bungee-Sprung das höchste der Gefühle oder sitzen Sie lieber mit einem guten Buch auf der Terrasse?

– Versuchen Sie, Ihre Persönlichkeit einzuordnen, machen Sie eine Liste mit allem, was Ihnen wichtig ist. Genauso sollten Sie aufschreiben, worauf Sie getrost verzichten könnten.
– Machen Sie als Nächstes eine Liste Ihrer Stärken und Schwächen.
– Wenn Sie Schwierigkeiten haben, sich selber einzuordnen, so bitten Sie einen guten Freund oder eine Freundin, ebenfalls eine Gefühlsliste über Sie anzufertigen.
– Vergleichen Sie Ihre persönliche Selbstwahrnehmung mit der Ihres Freundes/Ihrer Freundin.

■ *Selbstakzeptanz*
  – Nun sehen Sie Ihre Stärken und Schwächen schwarz auf weiß und ich kann Ihnen sagen: Sie sind bestens für den Aktienmarkt geeignet!
  – Wichtig für Ihren Erfolg an der Börse ist nicht so sehr die Frage, ob Sie besonders kaltblütig oder gerissen sind, sondern vielmehr die Akzeptanz Ihrer Persönlichkeit, so wie sie ist.
  – Sind Sie eher schüchtern, so kann das für Sie an der Börse ein ganz persönliches Erfolgsrezept sein. Neigen Sie zu Gefühlsausbrüchen, so ist auch das, richtig eingesetzt, ein Pluspunkt.
  – Also: Starten Sie, so wie Sie sind, in Ihre Börsenkarriere. Beginnen Sie nun, Ihre Ziele für den Aktienmarkt zu definieren. Geht es Ihnen um das schnelle Geld oder um eine solide Altersvorsorge? Haben Sie die Kraft, auch schwierige Situationen zu meistern, oder zittern Ihnen bei der kleinsten Unsicherheit die Knie?

■ *Gefühlsmanagement*, insbesondere Stressmanagement: Damit kommen wir sofort zur nächsten Übung.
Reflektieren Sie von nun an Ihre Gefühle! Sie kennen Ihre Stärken und Schwächen und können mit beiden arbeiten.
  – Versuchen Sie, die nötige Distanz zu Ihren Emotionen zu bekommen. An der Börse werden Sie immer wieder in Situationen kommen, in denen Sie Ihre Gefühle im Griff behalten müssen. Angst und Gier werden Ihnen immer wieder begegnen.

– Üben Sie kontinuierlich, sich nicht von anderen anstecken zu lassen, behalten Sie einen kühlen Kopf, auch wenn es mal heiß hergeht.

■ *Entscheidungssicherheit*

– Bevor Sie eine Aktie kaufen, sollten Sie sicher sein, dass Sie sie auch haben wollen. Das hört sich banal an, häufig lässt man sich aber auch bei seiner Entscheidung von vielen Dingen beeinflussen. An der Börse sind das häufig irgendwelche Expertenmeinungen oder Geheimtipps. Von beiden sollten Sie sich nicht in die Irre führen lassen.
– Gehen Sie selber auf Informationssuche.
– Entscheiden Sie aus eigenem Antrieb! Häufig hilft Ihnen hierbei Ihre Intuition. Ich gehe später noch ausführlich auf die Intuition ein, hier möchte ich Ihnen aber schon mal eine Übung mit auf den Weg geben, die diese wichtige Fähigkeit trainiert:

Hierzu müssen Sie Ihre rechte Gehirnhälfte aktivieren, die für Gefühle zuständig ist. Versuchen Sie, für bestimmte Situationen Gedankenbilder zu formen, in Bildern zu denken. Schließen Sie die Augen und stellen Sie sich eine bestimmte Situation vor Ihrem inneren Auge vor:

– Wie wird die Situation verlaufen?
– Was kann im besten, was im schlimmsten Fall passieren?
– Wie sollte die Situation ablaufen?
– Wie fühle ich mich, wenn ich die Situation durchgestanden habe?

Wichtig ist hierfür, dass Sie sich auf die Bilder konzentrieren und die damit einhergehenden Gefühle. Diese Übung können Sie immer wieder durchführen, wenn Sie sich bei einer Entscheidung nicht sicher sind. Gepaart mit Erfahrung ist die Intuition an der Börse ein unverzichtbares Erfolgsrezept! Aber dazu später mehr.

■ *Verantwortungsbewusstsein*: Haben Sie eine Entscheidung getroffen, so müssen Sie lernen, mit den Konsequenzen umzugehen. Auch dies ist eine banale Lebensweisheit, die aber an der Börse besonders wichtig ist.

- Nicht immer bewegt sich eine Aktie sofort in die gewünschte Richtung, manchmal hat man ganz und gar auf das falsche Pferd gesetzt.
- Lernen Sie, mit Verlusten klug umzugehen! Solange Sie eine Aktie noch nicht wieder verkauft haben, steht der Verlust nur auf dem Papier. Manchmal braucht man aber auch die Kraft, einen Verlust zu realisieren. Ich werde Ihnen später erklären, wann es besser ist, sich von einer Aktie zu trennen.

■ *Kommunikationsfähigkeit*:

- Sprechen Sie mit anderen über das Thema „Aktien"; das sollte im Moment kein Problem sein, da es fast zum guten Ton gehört.
- Wie bereits erwähnt, rate ich Ihnen von Tipps und Gurus ab, es ist aber trotzdem wichtig, zu wissen, „was gespielt wird", daher sollten Sie so viel Informationen sammeln wie möglich.

– Kommunizieren Sie ohne Worte, schnappen Sie die Dinge „zwischen den Zeilen" auf. Ist Ihr Gegenüber schon ganz hibbelig vor Begeisterung über eine Aktie, dann sollten Sie das mit Vorsicht genießen, möglicherweise ist er schon längst von der Gier ergriffen und die frisst bekanntermaßen das Hirn an der Börse.

■ *Kooperationsfähigkeit*:

– Für Ihre ersten Schritte an der Börse kann es durchaus hilfreich sein, mit anderen zusammenzuarbeiten.
– Viele Frauen fühlen sich in einer Gruppe wohler, man trifft gemeinsam Entscheidungen und kann sich in schwierigen Zeiten gegenseitig Mut zusprechen.
– Machen Sie sich auf die Suche nach einem Investmentclub oder gründen Sie selbst einen.

Ausgestattet mit diesen Fähigkeiten steht Ihrem Börsenerfolg eigentlich nichts mehr im Wege. Nun werde ich Ihnen die Stolperfallen vorstellen, mit denen Sie es an den Aktienmärkten immer wieder zu tun haben. Sie haben die besten Voraussetzungen, sie zu umgehen. Allerdings ist dafür einiges an Übung und Disziplin notwendig. Ganz von allein geht es nicht. Nur meine gut gemeinten Worte reichen nicht. Ich vergleiche das Ganze gern mit den berühmt-berüchtigten Diät-Tipps. Jeder sagt Ihnen, dass Sie für eine erfolgreiche Diät auf nächtliche Essenstouren verzichten sollten. Sie wissen also, dass der Kühlschrank nach 18 Uhr tabu ist. Nun werden Sie mit großer Wahrscheinlichkeit jede Nacht wach und haben einen Heißhunger. Auf dem Weg in die Küche erinnern Sie sich zwar an die Ratschläge, es hält Sie aber nicht davon ab, kräftig zuzuschlagen. Ganz ähnlich ist es mit den Stolperfallen an der Börse. Ich kann Sie Ihnen vorstellen, Sie auf die Gefahren hinweisen, doch ausweichen müssen Sie am Ende selbst.

Fangen wir an!

DIE STOLPERFALLEN AN DER BÖRSE UND WIE MAN SIE VERMEIDET

Die Börse ist von Gefühl bestimmt. Zahlen und Fakten spielen zwar eine Rolle, aber die Reaktionen der Kurse sind geprägt von den Gefühlen der Anleger. Hier spiegeln sich Hoffnungen und Ängste wider. Es ist schwierig, sich den Stimmungen und Stimmungsschwankungen auf dem Parkett zu entziehen – auch wenn heute das meiste nicht mehr auf dem echten Börsenparkett, sondern in den Großrechnern der Banken stattfindet.

Die meisten Anleger lassen sich mitreißen – in die eine wie in die andere Richtung. Heraus kommt dabei häufig eine „blutige Nase". Entweder man kauft eine Aktie zu spät, wenn die größten Kursgewinne schon vorbei sind, oder man gerät bei einem Kursrutsch in Panik und macht Verlust.

Sind wir den Gefühlen an der Börse wirklich so hilflos ausgeliefert oder gibt es eine Möglichkeit, das Chaos in unserem Kopf in den Griff zu bekommen? Ich bin der Meinung, die gibt es. Und gerade wir Frauen sind die perfekten Hobby-Psychologen und können unseren inneren Schweinehund dadurch besser an die Leine legen als viele Männer.

Damit stolpern wir nicht über die Fallstricke, die an der Börse in schöner Regelmäßigkeit gespannt werden.

Lassen Sie uns gleich an dieser Stelle den ersten Fallstrick anschauen. Es ist die so genannte Kontroll-Illusion. Die Psychologie hat festgestellt, dass wir alle ein Bedürfnis nach Kontrolle haben. Dieses ist bei Männern auf Grund ihres (oftmals unangebracht größeren) Selbstvertrauens offensichtlich stärker ausgeprägt – ganz besonders im Börsenhandel.

Die Kontroll-Illusion ist umso stärker ausgeprägt, je weniger vorhersehbar die Ereignisse für uns sind. Kurse kann man nicht vorhersagen – Kontrolle an der Börse gibt es also nicht. Trotzdem glauben einige, sie hätten die Kurse im Griff. Vielleicht haben sie so fleißig Informationen gesammelt, halten sich für „Experten" usw. Joachim Goldberg und Rüdiger von Nitzsch sagen in ihrem Buch *Behavioral Finance* recht treffend: „Man könnte auch sagen: Menschen haben ein Bedürfnis, der Überzeugung zu sein, Kontrolle zu besitzen."

> Diese Kontroll-Illusion ist verhängnisvoll: Sie täuscht uns etwas vor und lässt uns falsche Entscheidungen treffen. Sie ist immer dann besonders ausgeprägt, wenn real keine Kontrollmöglichkeit besteht.

Wenn wir etwas steuern können an der Börse, dann unsere Reaktionen. Das bedarf zwar einer Menge Übung, aber allein das verspricht Erfolg.

Informieren – aber richtig!

Bedeutet das im Umkehrschluss, dass das Lesen all dieser Bör-senmagazine, Wirtschaftszeitungen und Bilanzen völlig über-flüssig ist, weil man auch mit allen Informationen der Welt keine Kontrolle über die Börse hat? Genauso ist es: Kontrolle an der Börse gibt es nicht! Das sollte Ihnen aber keine Angst, sondern Mut machen. Denn Sie brauchen keine Kontrolle; Sie haben eine ganz andere Stärke, die Sie zur Gewinnerin an der Börse macht. Sie haben Intuition. Optimieren Sie Ihr Gefühl, indem Sie gezielt Informationen sammeln. Weniger ist hier oft mehr. Sie brauchen nicht alle Informationen, sondern die rich-tigen.

Darum lasse ich auch das Argument nicht mehr gelten, dass viele Frauen keine Aktien kaufen, weil sie keine Zeit haben, sich mit allen Informationen zu beschäftigen. So viel Zeit brauchen Sie gar nicht! Gerade wir Frauen sind geniale Info-Brokerinnen, man muss nur wissen, wie es geht.

- Aus der Trockenübung kennen Sie bereits einen Schritt: Hier haben Sie sich Unternehmen ausgesucht, die Sie kennen und die Sie einschätzen können. Nun fällt es Ihnen leicht, aus diesen Bereichen den einen oder anderen Konkurrenten he-rauszufinden. Auch die Information zu diesem Unternehmen werden Sie in Ihrem täglichen Leben relativ einfach finden. Nun vergleichen Sie diese beiden Unternehmen und fragen Sie sich, was kann der eine besser als der andere. Schon sind Sie mitten in einer Unternehmensanalyse.

- Wenn Sie mal etwas Zeit haben, rufen Sie doch die Investor-Relations-Abteilung Ihrer Lieblingsfirma an. Lassen Sie sich einen Geschäftsbericht schicken oder fragen Sie nach, was Sie konkret interessiert. Jedes börsennotierte Unternehmen sollte eine IR-Abteilung haben.

- Investor Relations ist das Gegenstück zur klassischen PR. Dabei werden nicht die Kunden angesprochen, sondern die Aktionäre und solche, die es werden wollen. Für alle Frauen mit Internet-Anschluss ist die Sache noch einfacher: Meist führt ein einfacher Klick auf der Homepage des betreffenden Unternehmens direkt zu den Kollegen der Kapitalmarkt-Kommunikation.

- Auf Zeitungen sollten Sie nicht ganz verzichten. Sie müssen aber nicht mal eine spezielle Wirtschaftzeitung kaufen. Der Börsenboom hat es mit sich gebracht, dass fast alle Tageszeitungen inzwischen einen Börsenteil haben; selbst die *Bild am Sonntag* beschäftigt sich mit den wichtigsten Wirtschaftsthemen der Woche. Und das auf eine leicht verdauliche Art.

- Besondere Kursinformationen zu Aktien und Fonds bekommen Sie im Internet, im Videotext bei n-tv und im Kursteil der Zeitungen. Lassen Sie sich nicht einreden, dass dieser so kompliziert zu lesen sei. Wichtig für den Anfang ist der aktuelle Kurs und seine Veränderung zum Vortag.

Tipp

Hier die wichtigsten Anlaufadressen: www.boersenlinks.de, www.dietelebörse.de, www.exchange.de, www.gatrixx.de, www.frauenfinanzseite.de, www.finanztreff.de

■ *Frauenfinanzseite.de*

Als im vergangenen Jahr das erste Buch „Geld tut Frauen richtig gut" auf den Markt kam, gab es sofort ein großes Echo. Viele Frauen schrieben mir und wollten mehr wissen über das Thema Anlage in Aktien und Fonds, wollten wissen, wo sie einen Investmentclub in ihrer Nähe finden und wo sie eine Erklärung für all das Börsenkauderwelsch bekommen könnten.

Das war der Moment, als ich mit einigen engagierten Frauen die *frauenfinanzseite.de* ins Leben gerufen habe. Inzwischen arbeitet Cornelia Frenzel mit einer reinen Frauen-Redaktion an der Aktualität der Seite. Was ist das Besondere an der *frauenfinanzseite.de*?

Nun, zunächst einmal ist es ein Internet-Angebot, das von Frauen für Frauen gemacht wird. Die Redakteurinnen versuchen, eine Sprache zu finden, die Frauen verstehen. Viele Anlageseiten werfen mit Börsenbegriffen geradezu um sich. Hier wird dagegen versucht, leicht verständlich, aber trotzdem informativ zu berichten. Dabei sind die aktuellen Tagesnachrichten aus der Finanzwelt genauso dabei wie Hintergrundberichte von Börse und Wirtschaft.

Aber auch ein Börsenlexikon darf nicht fehlen. Für alle, die genau wissen wollen, was hinter Dax, Dow und KGV steckt, steht es hier schwarz auf weiß.

Wem das nicht reicht, der kann Fragen an Ms. Monney Penny stellen. Per E-Mail wird alles rund um Aktie und Geldanlage beantwortet. Sie können sich vielleicht denken, das auch viele Männer dieses Angebot nutzen. Das ist ja das Schöne am Internet: Jeder kann anonym bleiben.

Das Besondere aber ist das Netzwerk der Frauen-Investment-clubs, das sich auf der Seite gebildet hat. Hier sind alle Städte verzeichnet, aus denen es Anfragen von interessierten Frauen gibt. Die E-Mail-Adressen werden gesammelt und die Damen aus einem Ort werden über die Frauenfinanzseite zusammen-gebracht.

■ Informationsveranstaltungen

Seminare und Vorträge zum Thema Börse schießen wie Gras aus dem Boden. Jede Bank bietet ihren Kunden mindestens einmal pro Jahr eine Informationsveranstaltung an. Macht das Ganze Sinn oder sind es nur Verkaufsveranstaltungen der Geldhäuser? So einfach lässt sich diese Frage nicht beantworten. Ich selbst bin viele Tage im Jahr auf Vortragstour und treffe dabei landauf, landab Anleger vom Anfänger bis hin zum Zocker. Alle gehen zu den gleichen Vorträgen, natürlich mit der Hoffnung, den ein oder anderen Tipp zu erhaschen.

Leider muss ich meine Zuhörer immer wieder enttäuschen. Als Journalistin kann ich keine konkreten Aktienempfehlungen geben. Was ich aber tun kann, und das mache ich wirklich gern, ist einen Überblick zu geben über die aktuellen Entwicklungen und Strömungen am Markt. Ich beschreibe die neusten Fortschritte in Forschung und Technik, gebe Gedankenanstöße für die eigenen Anlageentscheidungen. Denn so viel ist klar: Entscheiden müssen Sie sich selbst.

Seminare und Vorträge eignen sich sowohl für Einsteiger als auch für Fortgeschrittene. Es macht mehr Spaß, einem Redner zuzuhören, der seine Materie locker rüberbringt, als im stillen

Kämmerlein ein Buch zu lesen. Außerdem haben Sie am Ende jeder Veranstaltung die Möglichkeit, selbst Fragen zu stellen und Unklarheiten zu beseitigen. Ich weiß, dazu gehört immer etwas Mut. Wenn man mit 500 Zuhörern in einem Saal sitzt, ist es eine Überwindung, aufzustehen und einen Satz herauszubringen. Machen Sie sich keine Gedanken, das geht nicht nur Ihnen so, auch ich hatte bei meinen ersten Vorträgen reichlich Lampenfieber!

Wie finden Sie die richtige Veranstaltung heraus? Hierfür ist es wichtig, vorher den Schwierigkeitsgrad in Erfahrung zu bringen. Viele Seminarveranstalter sind dazu übergegangen, den Grad der Vorkenntnisse ins Programm zu schreiben. Es macht nämlich wenig Sinn, bei einer Fortgeschrittenenveranstaltung alles über Optionsscheine zu erfahren, wenn Sie zunächst wissen wollen, was eine Aktie ist. Umgekehrt werden Sie enttäuscht sein, bei einem Vortrag zu erfahren, wie Sie ein Depot eröffnen, wenn Sie wissen wollen, wohin die Biotech-Branche marschiert.

Fragen Sie also vorher genau nach dem Schwierigkeitsgrad, wenn es aus der Einladung nicht hervorgeht! Besuchen Sie ruhig mehrere Veranstaltungen, um einen Überblick zu bekommen.

Erkundigen Sie sich nach dem Angebot der örtlichen Volkshochschule, auch hier werden immer öfter Geld- und Börsenseminare angeboten.

Bleiben Sie kritisch

Natürlich ist es verführerisch, sich für die Börse einen Berater oder Guide zu suchen. In Sendungen treten diese immer gerne als Experten auf und wollen uns weismachen, sie wüssten, wohin die Börse geht. Ein Trugschluss, wie wir wissen. Auch hier tappen wir in die Psycho-Falle „Kontroll-Illusion". Es gibt den schönen Spruch: „Zehn Experten – zehn Meinungen." Was das bedeutet, ist wohl klar. Obwohl sich die Experten den ganzen Tag nur mit einem Unternehmen beschäftigen, kommen sie zu unterschiedlichen Ergebnissen.

Bei der Einschätzung eines ganzen Marktes stellt man häufig ein anderes ulkiges Phänomen fest. Alle Prognosen liegen sehr dicht beieinander. Doch es ist nicht so, dass alle unabhängig voneinander auf diesen Wert gekommen sind, vielmehr folgen sie einem Herdentrieb. Und das hat ganz banale Gründe: Am Jahresende kann man die Prognosen überprüfen. Für jeden Experten ist es leichter, wenn sich alle geirrt haben, als wenn nur er daneben gelegen hat. Denn auch Experten müssen sich rechtfertigen – und zwar vor Ihnen als Anleger und Bankkunden.

So umgehen Sie die Stolperfalle Kontroll-Illusion

Sie wissen jetzt, was Sie an Informationen brauchen und was Sie für den Börsenerfolg beherzigen müssen, um nicht durch die fehlende Kontrollmöglichkeit aus der Bahn zu geraten. Nun liegt es an Ihnen, Ihre Anlageentscheidung zu treffen. Denn das müssen Sie nun tun! Und genau hier ist Ihre weibliche Intuition gefragt. Dazu gehen Sie wie folgt vor:

- Suchen Sie sich eine Aktie aus und sammeln Sie einige Informationen, um sich ein erstes Bild zu machen.

- Lauschen Sie den Experten, aber behalten Sie dabei im Hinterkopf, was ich Ihnen dazu gesagt habe!

- Schauen Sie sich auch einmal einen Kursverlauf „Ihrer" Aktie an (siehe dazu „Intuitive Chartanalyse", Seite 140 ff.)

- Und jetzt treffen Sie Ihre Entscheidung aus dem Bauch heraus.

Bis hierhin haben Sie alles richtig gemacht. Nun kommt es darauf an, auch nach dem Kauf der Aktie Ihre psychologischen Stärken effektiv einzusetzen.

Die Gewinn- und Verlustfallen

An der Börse geht es darum, mit einer Aktie einen Gewinn zu machen und Verluste zu vermeiden. Die meisten Anleger versuchen dies mit dem Kauf einer Aktie zu einem niedrigen Kurs und einem Verkauf, wenn der Kurs entsprechend gestiegen ist. Es gibt auch Anlageformen, mit denen man bei fallenden Kursen Gewinn machen kann, die so genannten Derivate, übersetzt heißt das so viel wie abgeleitete Finanzprodukte. Um die wollen wir uns aber im Folgenden nicht kümmern. Überlassen Sie diese Spielwiese im Moment noch den fortgeschrittenen Anlegern.

Nun haben Sie bereits erfahren, dass man an der Börse keine Möglichkeit hat, die Kursentwicklung vorherzubestimmen. Kein Experte auf der Welt kann das. Sie können also nach dem Kauf der Aktie sowohl in den Verlust- wie auch sofort in den Gewinnbereich kommen. Es gibt natürlich auch Phasen, in denen sich gar nichts tut. Die Börsianer sprechen dann von einer Seitwärtsbewegung. Auch dabei kann es zu verhängnisvollen Fehlern Ihrerseits kommen, die ich später noch ansprechen möchte.

Beschäftigen wir uns hier zunächst, weil es so schön ist, mit den Gewinnen:

Vielleicht haben Sie schon einmal den Spruch gehört: Gewinne laufen lassen! Das bedeutet nichts anderes, als dass man eine Aktie, die steigt, nicht verkaufen sollte, da sie höchstwahrscheinlich auch in Zukunft noch weiter steigen wird.

Das ist einfacher gesagt als getan, denn viele Anleger lassen sich mit einem einfachen Psycho-Trick zu früh aus dem Markt katapultieren. Sie nehmen lieber den Spatz in der Hand als die Taube auf dem Dach.

Womit hängt das zusammen? Nun, Psychologen haben nachgewiesen, dass Menschen Dinge immer weniger schätzen, je mehr sie davon haben. Um das herauszufinden, muss man nicht mal Psychologe sein. Ein Chanel-Kostüm hat eine größere Bedeutung als ein ganzer Kleiderschrank voller Designer-Fummel. Goldberg und von Nitzsch beschreiben es in ihrem Buch noch etwas drastischer: Eine gebackene Ente erscheint Ihnen noch wie eine Delikatesse, bei der zweiten ist man schon sehr satt und der Nutzen der dritten ist, wenn man überhaupt soviel essen kann, noch einmal deutlich niedriger.

Hoffentlich ist Ihnen jetzt nicht schlecht geworden, denn nun übertragen wir das auf die Börse: Die ersten Euro Gewinn erfreuen Sie also noch ganz besonders, doch mit jedem weiteren Euro sinkt Ihre Begeisterung. Irgendwann verkauft man seine Aktie, weil man sich denkt, besser ein kleiner Gewinn als die Gefahr, später nichts zu bekommen.

Das führt dazu, dass man sich häufig mit weniger zufrieden gibt, als man eigentlich bekommen könnte.

Gier und Angst

Allerdings gibt es in Gewinnphasen ebenfalls das Phänomen, dass viele Anleger von der Gier auf mehr erfasst werden. Das führt dann zu den immer wieder zu beobachtenden Übertreibungen an den Märkten. Es funktioniert ganz einfach und verblüffenderweise in schöner Regelmäßigkeit.

Rückt eine Aktie in den Mittelpunkt des Interesses, meist gibt es in diesen Fällen „Gerüchte aus gut unterrichteten Kreisen", so springen die Anleger auf den fahrenden Zug. Je stärker der Kurs steigt, desto mehr Anleger wollen auch noch dabei sein, treiben den Kurs weiter und schauen überhaupt nicht mehr auf die Wirklichkeit um sich herum. Die Hoffnung auf einen warmen Geldregen und die menschlichste aller Eigenschaften, die Gier, haben von den Anlegern Besitz ergriffen.

Natürlich geht das nicht bis in alle Ewigkeit weiter. Ein schöner Spruch besagt: Die Börse ist keine Einbahnstraße! Irgendwann wollen diejenigen, die recht früh die Aktie gekauft haben, ihre Gewinne in Sicherheit bringen und fangen an zu verkaufen. Damit steigt der Kurs nicht mehr so stark oder beginnt sogar zu fallen. Immer mehr Anleger wollen ebenfalls verkaufen, geraten irgendwann sogar in Panik und schmeißen ihre Aktien zu jedem Preis auf den Markt, um ja keinen Verlust zu machen. Im kühlen Börsianerdeutsch nennt man das dann den Abbau einer Übertreibung, für viele Anleger sind es geplatzte Träume.

Vielleicht verwirrt Sie das jetzt im ersten Moment. In beiden Fällen handelt es sich um Gewinnphasen, trotzdem sollten Sie einmal Ihre Aktie halten und einmal aussteigen. Gibt es denn eine Möglichkeit zu erkennen, wann die eine und wann die andere Vorgehensweise richtig ist?

Eine hundertprozentige Entscheidungsgarantie gibt es leider nicht. Aber hier kommen Ihre weiblichen Fähigkeiten zum Tragen. An dieser Stelle sind Intuition und Menschenverstand gefragt. Und nebenbei gibt es noch ganz einfache Prüfungskriterien, mit denen Sie Ihre Entscheidung absichern können.

Tipps

- Beobachten Sie den Kurs Ihrer Aktie! Ein „normaler" Kurs bewegt sich wie auf einer Treppe nach oben. Es gibt zwar immer wieder Tage, an denen die Aktie nicht steigt oder auch einmal etwas fällt, der Trend sollte aber nach oben gehen.

- Schauen Sie sich zur Bestätigung den Chart Ihrer Aktie an (siehe „Intuitive Chartanalyse", S. 140 ff.) Kursverläufe bekommen Sie bei vielen Finanz-Anbietern im Internet oder in den Publikationen des Hoppenstedt-Verlags.

- Überprüfen Sie die wichtigsten Bilanzkennzahlen! Keine Sorge, dafür brauchen Sie kein BWL-Studium. Um einen Kurzcheck durchzuführen, sollten Sie sich den Gewinn und den Umsatz anschauen. Beide Daten sollten von Jahr zu Jahr steigen! Interessant ist auch der Blick auf die Umsatz- und Gewinnprognosen des Unternehmens. Hier erkennen Sie, wie das Management selber die Zukunft einschätzt. Als Aktionär einer Firma bekommen Sie die Bilanz automatisch zugeschickt. Viele Unternehmen stellen ihre Zahlen inzwischen auch ins Internet.

- Der Großteil Ihres Depot sollte aus Aktien bestehen, die einen soliden Aufwärtstrend aufweisen, viele Standardwerte haben das über die Jahre gesehen. Mit diesen Aktien brauchen Sie sich um kurze Über- oder Untertreibungen nicht zu scheren. Sie können dann solche Phasen aussitzen, ohne zu reagieren.

- Mit spekulativeren Aktien im Depot sollten Sie Folgendes beachten:

  - Macht Ihre Aktie plötzlich unglaubliche Sprünge, so versuchen Sie herauszufinden, ob es neue Nachrichten gibt. Sollte der Wert zum „Spielball" der Spekulanten geworden sein, so ist es an Ihnen, Ihre Gier zu zügeln und den richtigen Moment zum Ausstieg zu wählen. Hören Sie dabei auf Ihr Gefühl!
  - Bändigen Sie Ihren Ärger, wenn Sie vielleicht zu früh ausgestiegen sind! Denken Sie daran, dass Sie beim nächsten Mal in den Strudel der Panikverkäufe geraten könnten.

Ich weiß, dass man sich ganz schön ärgern kann, wenn man seine Aktien zu früh verkauft hat, weil man endlich vernünftig sein wollte, und danach erst der Kurs so richtig durch die Decke geht. Seien Sie getrost, dieses Gefühl hat jeder an der Börse schon irgendwann einmal erlebt. Ich kann Sie nur ermuntern, auch nach einer Fehlentscheidung weiterhin Ihrem Gefühl Glauben zu schenken und sich nicht beirren zu lassen!

Verluste

Irgendwann passiert es jedem an der Börse, dass man eine Niete im Depot hat. Im Idealfall sollten die anderen Aktien diesen Verlust wieder wettmachen. Trotzdem stellt sich die Frage, wie man mit Verlusten umgeht.

Ein unangenehmes Thema, ich weiß, niemand mag sich gern damit beschäftigen. Und das ist nur allzu menschlich. Denn schon das Wort löst in uns negative Gefühle aus. Wer verliert schon gern etwas?! Menschen sind immer bestrebt, negative Zustände und Empfindungen zu vermeiden. Leider führt das nicht immer zu optimalen Ergebnissen.

Insbesondere an der Börse ist es wichtig, nicht die Augen zu verschließen, sondern aktives Depotmanagement zu betreiben. Wie das im Falle von Verlusten geht, erfahren Sie jetzt:

Interessanterweise gilt für Verluste das Gleiche wie für Gewinne: Mit jedem zusätzlichen Euro Verlust sinkt die Wahrnehmung. Hat eine Aktie ein Viertel ihres Wertes verloren, so ärgert man sich noch kräftig. Geht es danach allerdings noch weiter bergab, dann hat man irgendwann das Gefühl, dass es jetzt auch nicht mehr darauf ankommt. Die meisten Anleger schaffen es nicht, die Reißleine zu ziehen und sich von einer Aktie mit Verlust zu trennen.

Dafür benötigt man schon eine gehörige Portion Willenskraft. Auch hier spielt die Vermeidung von negativen Gefühlen eine große Rolle. Solange ich eine Aktie nicht verkauft habe, muss ich mir auch keinen Verlust eingestehen. Meine Hoffnung bleibt bestehen, dass es irgendwann auch wieder nach oben gehen muss. Leider gibt es dieses Wort an der Börse nicht.

Aber selbst wenn Ihre Aktie wieder steigt, sollten Sie daran denken, dass ein Wert, der um 50 Prozent gefallen ist, um 100 Prozent steigen muss, damit er wieder auf dem Ausgangsniveau ankommt!

Rechnen Sie ganz einfach nach:

Sie kaufen eine Aktie für 100 Euro. Daraufhin fällt sie auf 50 Euro zurück. Das ist nach Adam Riese ein Verlust von 50 Prozent. Jetzt berechnen wir das Ganze von der Basis 50 Euro. Ihre Aktie muss sich verdoppeln, um wieder auf 100 Euro zu steigen!

Stopp-Kurse

Ich möchte Ihnen nun eine einfache Technik vorstellen, mit der Sie Verluste begrenzen können. Es handelt sich dabei um so genannte Stopp-Kurse. Mit diesen können Sie festlegen, wie hoch Ihr maximaler Verlust sein darf. Beim Erreichen eines bestimmten Kurses verkaufen Sie dann die Aktie. Das können Sie entweder selbst tun oder automatisch von Ihrer Bank machen lassen. Sie müssen dann nur einmal einen Stopp-Kurs angeben, alles andere erledigt die Bank.

Experten raten, etwa 10 bis 15 Prozent unter dem Kaufkurs den Stopp-Kurs festzulegen. Das bedeutet: Bei einem Aktienkurs von 30 Euro läge der Stopp-Kurs bei 27 bzw. 25,50 Euro. Das ist allerdings nur ein Richtwert, Sie werden mit etwas Erfahrung feststellen, dass es manchmal sinnvoller ist, den Stopp-Kurs tiefer anzusetzen, da die Kurse mancher Aktien stärkeren Schwankungen unterliegen. Man sollte also auch hier den Kursverlauf über einen gewissen Zeitraum beobachten, um den optimalen Stopp zu finden.

Geistige Kontoführung

Das Bedürfnis nach Harmonie und innerer Zufriedenheit lässt unseren Geist diverse Kunststücke vollbringen. Psychologen haben herausgefunden, dass wir für jedes Ereignis im Kopf ein eigenes Konto anlegen. Das führt zwar dazu, dass wir nicht immer logisch entscheiden, aber doch wenigstens zu einer Entscheidung kommen, die uns angenehm erscheint. Das Beispiel, das Goldberg und von Nitzsch zur Erklärung gewählt haben, hat wahrscheinlich jeder von Ihnen schon einmal in der einen oder anderen Form erlebt:

In der ersten Situation haben Sie eine Eintrittskarte für ein Konzert für 150 DM gekauft. Vor dem Konzerthaus stellen Sie fest, dass Sie die Karte verloren haben. Kaufen Sie eine neue?

Im zweiten Fall haben Sie die Karte nur reservieren lassen und stellen vor dem Konzerthaus fest, dass Ihnen die 150 DM abhanden gekommen sind. Wie verhalten Sie sich hier?

Bei genauer Betrachtung sind beide Situationen identisch. Jedes Mal haben Sie 150 DM bereits ausgegeben/verloren und müssten jetzt noch einmal den gleichen Betrag investieren.

Interessanterweise haben die Wissenschaftler herausgefunden, dass die meisten Befragten im ersten Fall nach Hause gehen, im zweiten aber die Karte kaufen würden.

Woran liegt das? Ganz offensichtlich gibt es im Kopf zwei Konten für die obige Situation. Auf einem wird die Konzertkarte verbucht, auf dem anderen befindet sich die Geldbörse. Im ersten Fall müsste man eine zweite Konzertkarte kaufen, würde also 300 DM auf dem Konzertkartenkonto verbuchen. Das war den meisten Befragten offenbar zu viel für einen schönen Abend!

Im zweiten Fall bleiben 150 DM auf dem Konzertkartenkonto und 150 DM Verlust werden auf das Geldbörsenkonto gebucht. Damit wird der Konzertbesuch nicht teurer! Zumindest gaukelt unser Kopf uns das vor und wir sind zufrieden.

Wie kann man dieses Phänomen nun auf die Börse übertragen? Es gibt viele Situationen, in denen man den Verlust einer Position mit Gewinnen in anderen Aktien gegenrechnet. Dagegen ist nichts einzuwenden.

Ich möchte Ihnen ein Beispiel vorstellen, bei dem man seinen inneren Schweinehund überwinden muss und so erfolgreicher an der Börse werden kann.

Stellen Sie sich vor, Sie haben eine Aktie mit Verlust verkauft. Vielleicht haben Sie einen Stopp-Kurs gesetzt und dieser wurde unterschritten oder Sie haben sich nach langer Zeit endlich durchgerungen, eine „Niete" aus Ihrem Depot zu werfen, weil Sie ihr keine Kurschancen mehr einräumen. Wie auch immer, Sie werden ein unangenehmes Gefühl in Bezug auf diese Aktie haben. Das Konto für diese Aktie weist einen negativen Wert auf – in Mark und Pfennig und ebenso auf Ihrer Gefühlsskala. Nun haben Sie es nämlich schwarz auf weiß, dass Ihre Entscheidung falsch war, kein Schönreden hilft mehr.

Einige Zeit später stehen Sie vor der Entscheidung, ein neues Aktienengagement einzugehen. Sie werden sich verschiedene Werte anschauen. Möglicherweise gab es in der Zwischenzeit bei Ihrer Negativ-Aktie gute Nachrichten, alle Anzeichen deuten darauf hin, dass es nun wieder aufwärts gehen kann bei diesem Wert. Was tun Sie? Kaufen Sie die Aktie, die Sie bereits einmal enttäuscht hat, noch einmal oder nehmen Sie eine „unbefleckte"?

In den meisten Fällen wird ein Anleger eine andere Aktie kaufen. Eine, für die er erst noch ein Konto anlegen muss. Der unangenehme Gedanke an das fehlgeschlagene Investment wird ihn so sehr beeinflussen, dass er nicht mehr klar sehen kann.

Liebe Anleger, hier ist Ihr Gefühl gefragt! Ihre Intuition! Lassen Sie sich nicht von der geistigen Kontoführung beeinflussen, versuchen Sie immer wieder, unbefangen auf eine Aktie zuzugehen! Die Wahrscheinlichkeit, dass diese Aktie wieder fällt, ist genauso hoch wie die Chance auf Kursgewinne. Nur in Ihrem Kopf steckt der Gedanke: „Diese Aktie ist schon einmal gefallen, sie wird es bestimmt auch wieder tun!"

- Versuchen Sie, ein neues Konto für die Aktie anzulegen.

- Sammeln Sie neue Informationen, als wäre es das erste Mal.

- Erinnern Sie sich daran, was schief gelaufen ist, als Sie die Aktie das erste Mal im Depot hatten, ohne das neue Konto zu belasten.

- Vergleichen Sie die Situation heute mit der ersten Phase:
  - Kommen Sie zu dem Schluss, dass sich der Einstieg nun lohnt, so kaufen Sie erneut!
  - Stellen Sie fest, dass die Aktie plötzlich zum Liebling der Spekulanten geworden ist, ist Vorsicht angesagt!

– Vielleicht hat sich die Situation nicht gebessert, sondern die Aktie steigt ohne erkennbaren Grund.

– Prüfen Sie jede Entscheidung mit Herz, Bauch und Kopf.

– Lassen Sie sich nicht vom Herdentrieb anstecken!

Stolperfalle Daumenregel

Die geistige Kontoführung bringt Ordnung in unseren Kopf, mit den Daumenregeln vereinfachen wir Zusammenhänge, um schnell ein Ergebnis hervorzubringen. Die Wissenschaftler haben auch hier wieder viele Experimente durchgeführt, um die Fehlerquellen des menschlichen Denkens aufzutun.

Zwei Studentengruppen bekamen dazu jeweils eine Rechenaufgabe. Sie sollten das Ergebnis innerhalb von fünf Sekunden schätzen (Kahneman & Tversky 1982).

Die erste Aufgabe lautete:

1 x 2 x 3 x 4 x 5 x 6 x 7 x 8 = ?

Die zweite Aufgabe lautete:

8 x 7 x 6 x 5 x 4 x 3 x 2 x 1 = ?

Was meinen Sie, kam dabei heraus? Im ersten Fall schätzten die Studenten das Ergebnis auf 512, im zweiten im Durchschnitt auf 2250. Beides ist falsch, das Ergebnis lautet 40320. O.K., so schnell kann das vielleicht nur ein Teilnehmer von „Wetten Dass" ausrechnen, aber interessant ist doch, dass die Gruppe, die die aufsteigende Reihe schätzen sollte, also mit der kleinen Zahl begann, auch ein niedrigeres Ergebnis geschätzt hat als Gruppe zwei.

Offensichtlich nimmt man sich einen Bezugspunkt, in diesem Fall immer die erste Zahl der Reihe und orientiert sich daran bei seiner Rechnung. Psychologen nennen das auch „einen Anker setzen". Das kennen Sie vielleicht schon aus anderen Bereichen. Es gibt sogar Ratgeber, die Ihnen das Rauchen abgewöhnen wollen, indem Sie „einfach" den Anker „Zigarette = Ekel" setzen. Eine interessante Idee, aber nicht unser Thema.

An der Börse gibt es diese Anker auch. Immer wieder höre ich beispielsweise von Anlegern, dass eine Aktie „billig" oder „teuer" sei. Zu diesem Ergebnis sind die Aktienfreunde nicht etwa durch das Lesen von Bilanzen gekommen, sondern haben das auf einen Blick „erkannt". Eine Aktie für 4 Euro ist dann eben billig, eine für 100 Euro teuer. Ein Denkfehler, der daraus resultiert, dass man nur auf die Zahl schaut. Und 4 ist eben kleiner als 100!

Damit ist aber überhaupt nicht gesagt, dass die 4-Euro-Aktie tatsächlich auch billiger ist. Sie ist es nur optisch. Man kann also für den gleichen Betrag mehr Aktien kaufen. Um herauszubekommen, ob eine Aktie auch „wertvoll" ist, muss man sich erst einmal das Unternehmen anschauen, das dahinter steht.

Und auch auf der Gewinn-/Verlust-Ebene spielt der absolute Preis keine Rolle. Obwohl Anleger einen Anstieg von 100 auf 110 höher einschätzen als einen von 4 auf 4,40 Euro; in beiden Fällen steigt die Aktie um 10 Prozent, egal wie groß der Bezugspunkt ist.

Tipps

■ Trennen Sie sich von Begriffen wie „teuer" und „billig", wenn Sie den Kurs einer Aktie anschauen.

Ein guter Indikator, um herauszubekommen, was eine Aktie tatsächlich kostet, ist das so genannte Kurs-Gewinn-Verhältnis (KGV). Dabei wird der Gewinn, den ein Unternehmen im Jahr macht oder machen will, durch die Anzahl der Aktien geteilt. Heraus kommt ein Wert, der besagt, wie oft der Gewinn pro Aktie in einem Kurs enthalten ist. Ein KGV von 10 bedeutet dann also, dass Sie 10-mal den Gewinn pro Aktie bezahlen müssen, um ein Papier des Unternehmens zu kaufen. Ein Unternehmen ist „billig" oder im Börsianerdeutsch „niedrig" bewertet, wenn das KGV niedrig ist, wenn Sie also nur wenige Male den Jahresgewinn pro Aktie zahlen müssen. Der Gedanke, der dahintersteht, ist folgender: Als Aktionär gehört Ihnen ja ein Teil des Unternehmens, Sie profitieren also vom Gewinn. Bei einem KGV von 10 dauert es beispielsweise 10 Jahre, bis Sie den Kauf Ihrer Aktie durch die (gleich bleibenden) Gewinne des Unternehmens in Form von Dividenden oder Wertanstieg der Firma eingespielt haben. Je kürzer dieser Zeitraum, desto besser für Sie, desto günstiger ist die Aktie.

■ Finger weg von so genannten „Penny Stocks", also „Pfennig-Aktien"! Wie der Name schon sagt, kosten diese Aktien häufig nur ein paar Pfennige. Das sieht auf den ersten Blick verführerisch billig aus. Mit Penny Stocks verspricht man Ihnen dann große Gewinne, da es ja ausreicht, wenn sich der Wert um ein paar Pfennig bewegt. Niemand sagt Ihnen, dass diese Papiere aber auch noch weiter in den Keller fallen können und Sie eventuell einen Totalverlust erleiden. Denn die Unternehmen, deren Aktien nur noch ein paar Pennys wert sind, stehen meist selbst vor dem Ruin.

■ Einer optischen Täuschung erliegen Aktienkäufer auch häufig bei so genannten Aktien-Splits. Plötzlich kostet eine Aktie, die gestern für 100 Euro zu haben war, nur noch 50 Euro! So ein Schnäppchen, denken sich viele. Doch Vorsicht: Ein Aktien-Split ist nur eine Kurskosmetik, die den Kurs optisch verbilligt und Käufer anlocken soll. Hier wird nichts anderes getan, als die Anzahl der Aktien zu verdoppeln oder zu verzehnfachen, je nach Wunsch, und so den Kurs eines einzelnen Papiers entsprechend zu halbieren oder zu zehnteln. Termine von Aktien-Splits werden inzwischen in vielen Publikationen veröffentlicht, achten Sie darauf, bevor Sie sich zum Kauf verleiten lassen!

Selbstüberschätzung

Wenn es gut läuft an der Börse, fühlt man sich herrlich. Man könnte Bäume ausreißen und nervt mit seinen tollen Tipps seine Umgebung. Man ist sein bester Experte und hat Ratschläge für alle parat, die nicht so erfolgreich an der Börse sind. Ein klarer Fall von Selbstüberschätzung. Besonders Männer „leiden" unter diesem Phänomen und geraten damit in einen unglücklichen Strudel. Denn das Glücksgefühl verleitet zu unüberlegten Handlungen.

Eine davon ist das Herumfuhrwerken in seinem Depot. Wenn sich die Papiere nicht gleich so entwickeln, wie sie sollen, so werden sie eben ausgetauscht und neue gekauft. Das führt dazu, dass Chancen vertan werden und stattdessen hohe Transaktionskosten entstehen. Ungeduld kostet Anleger viel Geld. Untersuchungen von Discount-Brokern haben ergeben, dass man etwa 10 Prozent an Performance verschenkt, wenn man zu ungestüm an die Aktienanlage herangeht.

Selbstüberschätzung führt aber auch dazu, dass man unkritisch und spontan Aktien kauft, die sich später als Nieten entpuppen.

Der dritte und wichtigste Punkt aber ist die fehlende Selbstkritik und Reflektion. Viele Anleger schaffen es eben nicht, sich einzugestehen, dass sie einen Fehler gemacht haben. Auch wenn sie sich, wie oben gesagt, schnell wieder von Aktien trennen, so hat das häufig nichts mit Selbstkritik zu tun, sondern ist der gleiche spontane Impuls, der vorher zum Kauf geführt hat.

Tipps

- Bleiben Sie kritisch, auch wenn es gut läuft, hinterfragen Sie immer mal wieder Ihre Anlage (s. auch die Delfin-Strategie, Seite 164 f.).

- Gestehen Sie sich Fehler ein! Revidieren Sie Ihre Entscheidung und verkaufen Sie eine Aktie auch mit Verlust, wenn es sein muss!

- Handeln Sie nicht voreilig und geraten Sie nicht in Panik! Panik ist kein guter Helfer, wenn es um Entscheidungen geht.

- Geben Sie Aktien eine Chance! Längere Zeiten, in denen sich nichts tut, sind manchmal schwer auszuhalten, weil einem dann die Zweifel kommen. Suchen Sie dann weiter nach Informationen, die Ihnen neue Erkenntnisse liefern, suchen Sie gerade dort, wo Sie vorher noch nicht geschaut haben. In Seitwärtsphasen haben Sie Zeit dazu.

INTUITION – DIE ANTWORT AUF DAS ENTSCHEIDUNGSDILEMMA

Was haben Fred Kelly und die Lehre der Financial Behavior, die ich Ihnen oben vorstellte, gemeinsam? Nun, sie gehen beide davon aus, dass Anleger sich häufig falsch verhalten. Und die anderen machen es nach. Kelly nennt es Herdenverhalten, das die Masse der Anleger kennzeichnet; bei der Financial Behavior heißt es Overconfidence Bias, die unwillkürliche, weil verhaltensbiologisch bedingte Überschätzung der eigenen Fähigkeiten.

Beides kennzeichnet das Anlegerverhalten der Mehrheit der Börsianer. Doch Sie können den „inneren Schweinehund" an die Leine legen und sozusagen aus den Fehlern der anderen lernen. Es gibt eine Fähigkeit, mit der Sie diese unwillkürlichen massen- oder verhaltenspsychologischen Handlungsweisen zwar nicht völlig ausschließen, so doch in ihrer Wirkung für sich begrenzen können: die Intuition. Bislang galt sie nur sprichwörtlich als weiblich. Aber britische Wissenschaftler fanden heraus, dass sie das auch von Natur aus ist. Zwar verfügen Männer ebenfalls über das Gen, das für die Intuition zuständig ist, aber zur Entfaltung kommt sie überwiegend bei uns Frauen.

Dennoch werden Sie sich fragen, was Intuition an der Börse überhaupt zu suchen hat. Ich möchte die Frage umdrehen: Gibt es einen Bereich in der Wirtschaft, wo diese Gabe nützlicher wäre? Wohl kaum. Sie ist gerade im Aktienhandel eine unverzichtbare, wenn auch nicht die einzige, Schlüsselqualifikation. Wo sind mehr feine Stimmungen und subtile Spannungen der Umgebung wahrzunehmen, zu analysieren, abzuwägen? Wo ist es wichtiger, Euphorien und Depressionen der Mehrheit zu durchschauen? Aber obwohl wir so gut geeignet sind, trauen sich viele Frauen noch immer nicht auf das Parkett. Dabei, ich kann es nicht oft genug wiederholen, ist die Börse weiblich.

Als ich mit den Recherchen für dieses Buch begann, dachte ich sogar, dass Intuition die wichtigste Fähigkeit an der Börse ist, dass sie gewissermaßen die Schlüsselqualifikation und den Gegenentwurf zum männlichen Dominanzstreben auf dem Aktienparkett darstellt. Damals stimmte ich spontan einem treffenden Satz zu, den eine Zuhörerin bei einem meiner Vorträge äußerte: „Wenn es die Intuition nicht gäbe, dann hätte man sie eigens für die Wertpapierinvestition erfinden müssen."

Heute bin ich anderer Meinung. Ich glaube, dass zum erfolgreichen Aktienhandel eine Mischung aus Verstand, Gefühl und eben Intuition gehört. Zu diesem Meinungswandel kam es nicht, weil ich den sechsten Sinn, wie man die Intuition von altersher auch bezeichnet, weniger schätze als früher, im Gegenteil. Aber ich habe im Laufe meiner eigenen Anlegerkarriere erfahren, dass diese Fähigkeit – wie alles, was im Entscheidungsprozess eine Rolle spielt – selbst eine Mischung aus Logik, Gefühl und unerklärlicher plötzlicher Eingebung ist.

Weibliche Intuition – die „Super-Logik"

Doch was kennzeichnet nun eigentlich diese geheimnisvolle, primär weibliche Gabe? Wie können Frauen lernen, sie noch besser von anderen Gefühlen und bloßen Eingebungen zu unterscheiden? Wie können Frauen sie noch besser an der Börse einsetzen? All das will ich Ihnen im Folgenden erläutern, wobei die Ausführungen sich ausdrücklich auch an die männlichen Leser richten. Auch sie können lernen, die Gabe der Intuition zu entdecken, zu entwickeln und einzusetzen. Denn so viel weiß die Wissenschaft inzwischen: Das Gen, auf dem diese Fähigkeit lokalisiert ist, entfaltet sich nicht zwangsläufig nur bei Frauen. Wieso auch? Schließlich sind an jeder Neukombination von Genen immer Männer und Frauen beteiligt!

Ich bin ein Gegner davon, Phänomene (eher: Geschenke) wie die Intuition in das harte Korsett einer rationalen, analytischen Definition zu zwängen. Niemand käme z.B. auf die Idee, Schönheit oder Humor wissenschaftlich zu erklären (wenngleich es solche Versuche gab, aber sie verwirrten mehr, als dass sie etwas erhellten). Solche Gaben gehören dem Bereich des Gefühls und Unbewussten an und überschreiten damit alle herkömmlichen Verstehensgrenzen. Hören vor allem wir Frauen also auf, immer zu fragen, wer wir sind und wieso wir so sind, wie wir sind.

Fest steht, dass die Intuition nicht eine bloß mystische, überirdische, unheimliche Eingebung ist. Sie ist mit Logik und Verstand kombiniert. Das wusste man bereits im Mittelalter. Damals betrachtete man die Intuition als eine plötzliche Erkenntnis, die aber nicht aus heiterem Himmel über uns (Frauen) kam, sondern sehr wohl auf Erfahrung,

Wissen und Nachdenken beruhte. Erst in der Neuzeit mit ihrem mathematisch-wissenschaftlichen Weltbild kam die fixe Idee auf (eine Intuiton war es garantiert nicht), es könnte sich bei dieser Stärke um ein rein irrationales Moment handeln. Dieser Idee hing man vor allem in der Romantik an.

Heute ist selbst die Wissenschaft weiter. In der Psychologie bezeichnet man die weibliche Intuition etwa als die Gabe, durch reine Beobachtung von Nuancen in der Ausdrucksweise und Tonlage anderer Menschen eine Situation einzuschätzen und sich darauf einzustellen. Sie sehen, wie diese Fähigkeit sich damit vor allem für die Börse eignet. Am besten gefällt mir aber die Erläuterung der Brüder Tony und Barry Buzan. Die beiden englischen Wissenschaftler gehen davon aus, dass Intuition nichts anderes als Logik, wenn auch eine Super-Logik, sei. Im Nu vollzieht ihrer Meinung nach das Gehirn die erstaunlichsten mathematischen Berechnungen, „indem es Billionen von Möglichkeiten und Vertauschungen berücksichtigt, um so zu einer mathematisch exakten Schätzung der Erfolgswahrscheinlichkeit zu gelangen" *(Buzan & Buzan 1997)*. Das Ergebnis der gewaltigen Rechnung wird von der natürlichen Software – dem Gehirn – in die Software der Biologie übersetzt. Sie haben ein deutliches und ganz bestimmtes Gefühl im Bauch.

Und diese „Supermaschine" arbeitet vor allem bei uns Frauen auf Hochtouren. Denn wir füttern sie auf Grund unserer angeborenen Einfühlungsgabe ständig mit einer Fülle von Eindrücken und Wahrnehmungen. Und vor allem an der Börse ist diese „Supermaschine" von unschätzbarem Wert. Denn dort spielt ja die Vielzahl der Töne und Untertöne, der Spannungen und subtilen Schwingungen eine entscheidende Rolle. Doch wenn dem so ist, stellt sich automatisch die Frage: Warum achten wir dann so wenig auf unser Bauchgefühl? Warum nützen wir die Stärke so wenig? Die Antwort dürften Sie sich schon selbst gegeben haben: Wir akzeptieren diese Fähigkeit nicht wirklich und trainieren sie deshalb nicht ausreichend. Wir erfahren ihre Wirkung etwa bei der Entscheidungsfindung nicht als wohltuend genug.

Intuitionstraining

Intuition lässt sich wie ein Muskel trainieren. Dazu gehört nicht viel. Doch erste Voraussetzung ist, dass Sie überhaupt den Gedanken akzeptieren, dass die Intuition existiert. Dann folgt der nächste Schritt: Üben Sie die Intuition! Es gibt zahlreiche Titel zu Intuition auf dem Markt, die Ihnen Anregungen geben können, doch Sie sollten nicht sofort Ihre Kenntnisse an der Börse ausprobieren und womöglich viel Geld riskieren.

Bevor Sie „echtes" Geld investieren, sollten Sie eine Zeit lang die Trockenübung von S. 53 machen. Beobachten Sie ein, zwei Aktien eine Zeit lang. So können Sie ausprobieren, ob Sie Geld verloren oder Ihr Vermögen vermehrt hätten. Neben der Gewöhnung an Kurstabellen gibt Ihnen diese Übung vor allem Selbstsicherheit.

Suchen Sie aus der Zeitung einige Werte aus, beobachten Sie sie über einige Woche und Monate und stellen Sie so fest, ob Sie instinktiv richtig gelegen hätten.

Bei dieser Lektüre lernen Sie insbesondere, wie sich die Intuition von anderen spontanen Einfällen und Eindrücken unterscheidet. Es gibt Experten, die sagen, dass die Wahrnehmungen des sechsten Sinns mit einem Glücksgefühl verbunden sind. Mein Eindruck ist eher, dass sich Intuition auch ernüchternd äußern kann. Ich habe daher für mich ein anderes Kriterium formuliert, mit dem ich spontane Einfälle und Intuition zu unterscheiden versuche. Immer wenn ich keinen einzigen Grund für mein Gefühl – ob positiv oder negativ – im Bauch finden kann, gehe ich davon aus, dass sich hier hundertprozentig mal wieder meine weibliche Stärke geäußert hat.

Doch wie setze ich die Intuition nun an der Börse ein und vermeide dadurch, dass ich über die massen- oder verhaltenspsychologischen Fallstricke stolpere? Die Anwendungsmöglichkeiten des sechsten Sinns sind gerade an der Börse unbegrenzt. Immer muss ich mich fragen: Glaube ich den blauen Augen des Vorstandes? Glaube ich an die Zukunft eines Unternehmens und seiner Produkte – auch wenn es momentan eine Durststrecke überwinden muss? Die Entscheidung zu kaufen oder zu verkaufen kommt immer auch aus dem Bauch! Der Einsatz der Intuition ist unausweichlich!

Wie immer Sie die Intuition an der Börse einsetzen – klar ist, dass nichts ohne Logik und Emotion geht. Es ist ja gerade die Stärke von uns Frauen, dass wir die geheimen Verbindungen zwischen all den menschlichen Eigenschaften und Fähigkeiten kennen und in gewissem Maße auch beherrschen. Diese Stärke sollten wir insbesondere an der Börse optimal einsetzen, d.h. Intuition, Logik und Gefühl verbinden.

Das bedeutet: Denken Sie trotz Intuition nach, zügeln Sie ihren gefühlsmäßigen Handlungsimpuls. Konkret heißt das: Untermauern Sie Ihre Intuition stets durch Analyse und Recherche – vor der Entscheidungsfindung und danach. Wenn Fakten und Umstände absolut gegen Ihre Eingebung sprechen, dann gleichen Sie die Intuition und das Resultat Ihrer bewussten, rationalen Analyse an. Zwingen Sie sich dazu, so lange Ihren Bauch zu befragen, bis die Differenz zwischen Wissen und Fühlen schwindet.

Eine andere wichtige Regel bei der Arbeit mit Intuition in der Anlagestrategie lautet: Halten Sie Distanz sowohl zu Ihrem Verstand als auch zu Ihrem Gefühl. Mit anderen Worten: Stellen Sie ab und zu einfach die Gedankenarbeit und das Grübeln ein. Lassen Sie sich vor allem in kniffligen Phasen nicht vom Stress überwältigen. Setzen Sie genau dann, wenn Gefühl oder Denken die Oberhand gewinnen will, auf Abstand und Distanz. Erst dann kann der dritte Faktor Ihres Intellekts, die Intuition, sprechen und rasch für eine gute Lösung Ihrer Situation sorgen. Sie sollten vor allem gerade in Situationen, in denen Herz oder Verstand dominieren, auf den Bauch als Vermittlungsinstanz hören. Denn meist ist Ihr Spannungszustand nur so groß, weil Sie nicht die richtige Reihenfolge einhalten: Erst Intuition, dann Gefühl, dann Vernunft. Vor allem an der Börse ist dies äußerst wichtig.

Methoden und Instrumente für Ihren Börsenerfolg

Die Börse ist momentan in aller Munde. Und natürlich wollen auch immer mehr Frauen an den Chancen teilhaben. Sie bringen eine neue Kultur in das Aktiengeschehen – eine Kultur der Umsicht, der Harmonie, der friedvollen Strategie. Frauen treten auf Grund ihrer unterschiedlichen Persönlichkeitsstruktur anders an der Börse auf. Sie verbinden die Pole Gefühl und Verstand. Und das ist eine enorm wichtige Voraussetzung für den nachhaltigen Börsenerfolg. Wer an der Börse handeln will, braucht eine Strategie – immer wieder hört man das. Doch wie muss eine Strategie aussehen?

Nun, liebe Leserinnen, ich kann Sie beruhigen, es gibt nicht *die* Strategie. Denn für jeden Anleger – ob Mann oder Frau, alt oder jung, reich oder arm – gibt es eine passende Art, sein Geld anzulegen.

Je nach Ihrer Veranlagung können Sie risikoreicher oder konservativer anlegen, können sich mehr auf Ihren Verstand oder Ihr Gefühl verlassen. Goldberg und v. Nitzsch unterscheiden in ihrem Buch *Behavioral Finance* (1999) entsprechend den drei psychologischen Fähigkeiten emotionale Intelligenz, Verstand und Intuition sogar drei verschiedene Persönlichkeits-Typen: den Herz-Menschen, den Verstandes-Menschen und den Bauch-Menschen.

Diesen drei Typen empfehlen sie nun auch ein entsprechendes, mehr oder weniger systematisches Vorgehen an der Börse. Der Kopf-Mensch setzt vor allem auf konservative Strategien. Er – oder sie – muss Daten, Fakten und Zahlen recherchieren, was das Zeug hält. Dies benötigt neben Geduld und Selbstkontrolle vor allem viel Gedankenarbeit.

Der Bauch-Mensch dagegen setzt auf die entgegengesetzte Strategie: bei ihm zählt vor allem die Intuition. Er verlässt sich voll und ganz darauf, was ihm sein Gefühl sagt und handelt sehr spontan.

Auch die Experten hören auf ihren Bauch! Diese Methode ist bei den Profis schon lange beliebt und wird früher oder später auch ihren Siegeszug bei den Laien antreten. Das hat mit dem grundlegenden Wandel am Aktienmarkt zu tun, der immer schneller und hektischer wird. Insofern werden wir auch eine Revolution hinsichtlich der Bedeutung der Strategien erleben: Anders als bisher wird der Anleger, der den Bauch, die Intuition, richtig einsetzt, am gesamten Aktienmarkt die Nase vorn haben.

Der Herz-Mensch dagegen wendet gerne ein Potpourri bewährter Strategien an. Er arbeitet gerne im Team und braucht viel Bestätigung für seine Entscheidungen. Für den Herz-Menschen wäre also ein Investment-Club sehr geeignet.

Während Goldberg und v. Nitzsch also gezielt verschiedene Strategien für die drei Persönlichkeits-Typen vorschlagen, plädiere ich dafür, den Menschen als weniger aufgeteilt zu sehen. Für mich sind Kopf, Herz und Bauch eine Einheit. Wichtig ist nur, dass Sie sich selbst und Ihre gefühlsmäßigen Reaktionen auf das Börsengeschehen kennen und richtig einschätzen können.

Der wahre Königsweg ist, alle drei Strategien zu verbinden und daher sein strategisches Vorgehen ganz individuell zu bestimmen. Hören Sie auf Ihren Bauch, eignen Sie sich das nötige Wissen an und sprechen Sie mit anderen darüber. So bilden Kopf, Herz und Bauch eine Einheit für Ihren Börsenerfolg.

Für die Praxis, d.h. das konkrete Vorgehen an der Börse, gelten folgende Regeln:

■ **Regel 1:** Entwickeln Sie Ihre drei Fähigkeiten Verstand, emotionale Intelligenz und Intuition. Das garantiert, dass Sie auch das wichtige Gefühl einsetzen und ganzheitlich handeln.

■ **Regel 2:** Lernen Sie sich selbst kennen und erkennen Sie Ihren Typ. Klären Sie also, ob Information, Gefühl oder Zusammenarbeit mit anderen Ihnen am meisten bei Ihren Börsenentscheidungen helfen.

■ **Regel 3:** Wählen Sie eine Strategie, die Ihrem Typ entspricht. Seien Sie sich im Klaren darüber: Unsere Persönlichkeit ist entscheidend für unseren Aktienerfolg. Und je mehr Ihr Verhalten Ihrem Persönlichkeitstyp entspricht, um so mehr Erfolg werden Sie haben – und natürlich auch die entsprechende Motivation.

■ **Regel 4:** Variieren Sie die Strategien je nach individueller Ausprägung Ihres Typs, aber auch nach Ihrem Anlageziel. Jede Strategie kann einmal aggressiver, einmal konservativer angewandt werden.

Unser Gehirn: drei in einem

Für die These, dass der Mensch ganzheitlich aus Kopf, Bauch und Verstand besteht, gibt es eine wissenschaftliche Grundlage, und zwar in derjenigen medizinischen Wissenschaft, die sich mit dem Gehirn befasst: der Neurophysiologie. Wie Goldberg und v. Nitzsch berichten, entwickelte Paul McLean, der Leiter des Laboratoriums für Hirnentwicklung und Verhalten am *National Institute of Health* in Maryland, USA, die Theorie des drei-einigen Gehirns. Sie lässt sich wunderbar auf eine Theorie des optimalen Verhaltens an der Börse übertragen.

McLean vertritt die Ansicht, dass das menschliche Gehirn aus drei Teilen besteht, die sich im Laufe der Evolutionsgeschichte entwickelt haben. Obgleich ihre jeweiligen Funktionsweisen teilweise überlappen, arbeiten sie zugleich unabhängig voneinander. Während der Evolution wurde immer wieder ein höher entwickeltes Gehirn zu den bereits bestehenden hinzugefügt. McLean vergleicht daher das menschliche Gehirn mit drei biologischen Computern, von denen jeder seine eigene Intelligenz, sein eigenes Gedächtnis, Empfindungen und Funktionen besitzt. Wir werden also von drei Gehirnen gesteuert, die jeweils ein anderes Gemüt besitzen.

McLean stellt nun die These auf, dass diesen drei Strukturen, die unser Verhalten beeinflussen, drei Mentalitäten entsprechen – eben der intuitive, der rationale und der emotionale Typ. Diese Mentalitäten stehen im engen Bezug zueinander. Der Grund ist im Aufbau und Funktionieren des Gehirns zu suchen: Die drei Teile des Gehirns gehören zusammen. Sie sind nur teilweise etwas für sich allein Bestehendes. Die Funktion eines Teils hängt zugleich von den Funktionen der beiden anderen ab. Das Gehirn ist eben keine einfache Einheit, sondern eine ganzheitliche Einheit, die Einheit der Aufeinanderstapelung dreier Systeme.

Die Wissenschaft bestätigt auch, dass die Mentalitäten nur optimal arbeiten, wenn sie harmonisch miteinander verknüpft sind. Wir müssen nicht nur alle drei in unserem Verhalten integrieren, sondern wir müssen es vor allem in einer ganzheitlichen, ausgewogenen Art und Weise tun. McLean behauptet auch, dass vor allem die beiden älteren Gehirnbereiche, die für die emotionale Intelligenz und die Intuition zuständig sind, unser Verhalten ganz maßgeblich beeinflussen. Dabei sind sie auch für viele Probleme verantwortlich, mit denen der Mensch tagtäglich konfrontiert wird. Oft verhindern oder stören sie rationales Verhalten. Dies geschieht aber nur, wenn sie nicht in harmonische Übereinstimmung mit dem Verstand gebracht werden. Dann ist ihre Arbeitsweise nicht einwandfrei, dann treten Störungen auf.

Obwohl die drei Gehirnbereiche also eng zusammenarbeiten, basieren sie auch auf jeweils eigenen Prinzipien. Dasselbe gilt für die entsprechenden Mentalitäten. Während der Kopf-Mensch vor allem auf Wissen aus ist, richten sich intuitivere Menschen eher nach Eindrücken und Gefühlen. Dies ist aber beides wichtig, wenn man sich souverän auf dem Börsenparkett bewegen will – ob als Einsteiger oder Profi.

Zu einer ganzheitlichen Börsenstrategie gehört auch ganz wesentlich vor allem die Urtugend der Geduld. Diese Tugend ist zugleich ein Prinzip, das das harmonische Zusammenwirken von Kopf, Bauch und Herz erfordert. Erst wenn der Anleger Geduld mitbringt, ist er in der Lage, seinen Kopf und damit die entsprechende Strategie optimal einzusetzen. Die ganze Strategie und auch sein rationales Potenzial, also sein IQ, nützen ihm gar nichts ohne innere Harmonie, ohne Gefühl.

Sie kennen jetzt Ihre psychologischen Stärken und haben vieles über die Stolperfallen an der Börse gelernt. Jetzt heißt es loslegen. Natürlich stellt sich nun die Frage: Wie wählen Sie die einzelnen Aktien aus? Hierfür gibt es zwei grundsätzliche Methoden: Die eine ist die Fundamentalanalyse, die andere die technische Aktienanalyse. Jede für sich allein funktioniert. Wenn Sie etwas mehr Erfahrung haben, werden Sie merken, dass es auch Kombinationen gibt. Lernen Sie zunächst die Beardstown-Ladies kennen:

Die Methode der Beardstown-Ladies

Es war einmal in Amerika … So könnte das moderne Märchen der berühmten Beardstown-Ladies beginnen, wäre es denn tatsächlich ein solches gewesen.

Stattdessen entwickelte es sich zu einer Posse mit dem Titel: „Alter schützt vor Torheit nicht" (*Handelsblatt*). Zudem mutierte die Story der 16 rührigen Rentnerinnen und Kleinanlegerinnen aus dem verschlafenen Nest Beardstown im tiefen Mittelwesten der USA zu einem Lehrstück für unaufrichtiges Marketing.

Doch bevor es dazu kam, wurden die biederen Ladies zu Superstars – mit allen Weihen des Ruhms: TV-Shows, Autogrammstunden, Vorträge, Lesungen in der ganzen Welt („sehr rote Lippen, babyblaues Kostüm", notierte die *Süddeutsche Zeitung* über die Garderobe der Autorinnen in München). Beim Börsencrash vom Oktober 1987 schaltete der Fernsehsender CBS nicht an die Wallstreet, sondern nach Beardstown. Dort riet die damals 69-jährige Anne Corley, die Witwe eines Bankers, „den jungen Leuten" gelassen zum Kauf bei den niedrigen Kursen.

Und auch Deutschland feierte die Anlagegenies. Fest steht, dass sie rechtzeitig vor dem ersten Börsengang der Telekom, der das bis heute anhaltende Aktienfieber in Deutschland auslöste, die Gründerzeit der Frauen-Investmentclubs einleiteten. Die angeblich so unschlagbaren Aktien-Omas brachten vor allem die Enkelgeneration auf den richtigen Kurs. Dieses Verdienst spricht ihnen bis heute auch niemand mehr ab.

Was war also geschehen? Die Damen hatten sich – absichtlich, unabsichtlich, niemand weiß es bis heute so genau – als Finanzgenies verkauft, die im Vergleich zum einfachen Kleinanleger eine 16fache Rendite erwirtschaftet hatten. Angeblich hatte ihr Investmentclub, ein reiner Damenzirkel, der vor über 20 Jahren gegründet worden war, Renditen erwirtschaftet, mit denen sie den Finanzgurus der Wallstreet und damit dieser Welt haushoch überlegen waren: Mit einem Portfolio (ein

Gründungsmitglied: „Für mich war das lange Zeit eine Art Portmonnaie") von 90 000 Dollar erwirtschafteten die Damen eine angebliche Traumrendite von 23 Prozent. Die Lizenz zum Geldmachen schien im beschaulichen Beardstown zu wohnen. Nicht umsonst hagelte es Heiratsanträge aus den ganzen USA!

„Ladys gegen den Rest der Experten" war denn auch treffend das Vorwort zu ihrem dritten Buch *Anlage-Erfolg durch gesunden Menschenverstand* überschrieben. Ich zitiere daraus, weil die heile Welt der angeblichen Finanzgenies darin treffend beschrieben ist:

> „Wenn man die bedeutendsten Köpfe des Anlagegeschäftes unserer Generation sucht, kann man die Suche in New York beginnen, in Zürich oder in Tokio. Doch nach ein paar Treffen mit wichtigtuerischen studierten Betriebswirtschaftler(inne)n in geschlitzten Röcken oder dreiteiligen Anzügen ist man vielleicht klug genug, das nächste Flugzeug nach Chicago zu nehmen. Dort sollte man ein Auto mieten und mehrere Stunden lang (obwohl es einem viel länger vorkommt) durch scheinbar endlose Maisfelder nach Springfield fahren, der verschlafenen Hauptstadt des amerikanischen Bundesstaates Illinois. Nachdem man sich dort mit einem Thunfisch-Sandwich gestärkt hat, muss man noch einmal eine Stunde im Auto verbringen, bis man schließlich in Beardstown, Illinois, ankommt."

Die Beschreibung der Damen sollten Sie sich nicht entgehen lassen:

Leben am River Illinois

„Der Großteil der Ladys hat sein ganzes Leben in einer Kleinstadt verbracht. Sie sind zwischen 41 und 87 Jahren alt. Die meisten sind Rentnerinnen und ein paar sind Witwen. Viele kennen die Arbeit auf einer Farm aus eigener Erfahrung, da sie auf einer aufgewachsen sind oder dort als Erwachsene gearbeitet haben. Alles in allem haben sie 30 Kinder aufgezogen und sich über die Geburt von 40 Enkelkindern und sieben Urenkeln freuen können.

Einige von ihnen waren schon lange berufstätig, bevor man so viel Aufhebens darum gemacht hat. Unter den Mitgliedern sind eine Schulleiterin, eine Sekretärin, eine leitende Bankangestellte im Ruhestand, die Miteigentümerin einer Schweinefarm, die Eigentümerin einer Blumen- und Geschenk-Boutique, eine Immobilien-Maklerin und eine pensionierte Laborantin. Die in Beardstown ansässigen Banken haben nur drei weibliche Verwaltungsratsmitglieder, alle drei sind Clubmitglieder.

Die Ladys haben sich gegenseitig bei der Förderung ihrer beruflichen Karriere geholfen, sofern das möglich war, doch sie haben das weniger als Mentor-Tätigkeit oder Netzwerk-Bildung betrachtet, sondern eher als Freundschaftsdienst. Sie sind religiöse Menschen, aktiv in den Kirchengemeinden und Freiwilligen-Verbänden in der Stadt. Die Sitzung des Investment-Clubs ist nur eines von vielen Treffen, an denen sie jeden Monat teilnehmen."

Doch dann enthüllte ein Reporter des Stadtmagazins *Chicago Magazine*, Shane Tritsch, die wahre Geschichte. Beardstown-Gate war geboren. Fakt war, dass die Ladys die Mitglieds-beiträge zu den Dividenden und Kursgewinnen addiert hatten – „eine äußerst kreative Form der Buchführung", wie das *Handelsblatt* den verdutzten Lesern kurz darauf mitteilen musste. Die echte Rendite betrug nur 9,1 Prozent.

Die Wallstreet reagierte amüsiert. Doch trotz aller Häme gestand sie den Ladys zu: Sie hätten den Aktienmarkt für Leute verständlich gemacht, die keine Million zu investieren haben.

▪ *Und die Moral von der Geschicht' …*

Ich war damals, als ich von den Vorfällen erfuhr, ziemlich schockiert. Wusste ich doch, dass die Beardstown-Ladies für eine Methode standen, die vor allem vielen Frauen entgegen-kam: Sie war sicher und auf Dauer und Verlässlichkeit angelegt, sie gebrauchte den gesunden Menschenverstand, das Herz und die Seele. Wie gingen die Ladys nun exakt vor? Die Damen setzten auf eine langfristige Mehrung ihres Vermögens.

Daher waren für sie Unternehmen interessant, die in erster Linie ein sicheres – d.h. auch meist stetiges – Wachstum vorweisen. Mit dieser Vorgehensweise ist eine ganz bestimmte Sichtweise des Aktiengeschehens verbunden. Die Damen sind „Fundamentalisten": Sie glauben, dass der Kurs eines Wertpapiers ein Fundament besitzt. Das sind in erster Linie die (hoffentlich gesunden) Gewinne eines Unternehmens. Um die Gewinnsituation einschätzen zu können, studieren sie gesamtwirtschafliche, brancheninterne und unternehmensinterne Daten. Diese Methode beruht also auf Wissen.

■ *Auf Geduld kommt es an!*

Die Beardstown-Methode beruht auf Geduld und Ausdauer. Kaufen und Halten ist der Grundsatz dieser konservativen Methode. Die dazu nötige Beharrlichkeit und Nervenstärke besitzen insbesondere Frauen. Zahlreiche Börsenspiele belegen, dass es äußerst erfolgreich ist, geduldig abzuwarten. Männer machen oft das Gegenteil. Aus Ungeduld – sie wollen die eigene Geschicklichkeit erproben – fuhrwerken sie eher in ihren Depots herum und verkaufen, obwohl es noch gar nicht an der Zeit ist. Dadurch lassen sie sich leider Gewinnchancen entgehen.

■ *Gesunder Menschenverstand genügt*

Die Methode der Beardstown-Ladies beruht auf der pfiffigen Auswahl der Aktien. Sie wählen Aktien aus, mit denen Sie etwas anfangen können.

Dann beschaffen Sie sich weitere Informationen. Sie haben es heute, in Zeiten von Internet und immer neuen Börsenmagazinen, viel leichter, an aktuelle Informationen zu kommen, als die Beardstown-Ladies.

> **Tipp**
>
> Auch in Ihrer Umgebung gibt es viele interessante Aktien, Sie müssen sie nur finden. Immer wieder deshalb mein Rat: Suchen Sie sich am Anfang Unternehmen aus, deren Produkte Sie kennen und gut finden!

Denn so machen es auch die Profis. Es war der legendäre Peter Lynch, der ganz vehement auf die Hilfe des gesunden Menschenverstands bei der Aktienanlage verwies. Er selbst setzte ihn ein – trotz des Expertenwissens, das ihm durch seinen großen Mitarbeiterstab zur Verfügung stand. Und Lynch war erfolgreich: Während der 13 Jahre, in denen er bis 1990 den Fidelity Magellan Fonds verwaltete, wurden aus 10 000 Dollar über 280 000 Dollar. Damit zählt Lynch weltweit zu den erfolgreichsten Fondsmanagern. Seit einigen Jahren gelingt es ihm, als Bestsellerautor den Anlegern in unnachahmlicher Art und Weise das oft trockene Thema der Vermögensanlage und konkreten Aktienauswahl näher zu bringen. In zwei Büchern zeigt Lynch, wie er seine Investmentphilosophie und -technik in die Tat umsetzt. Er legte damit den Grundstein für den Aktienerfolg vor allem kleiner Anleger.

„20 Jahre in diesem Geschäft haben mich davon überzeugt, dass sich jeder normale Mensch, der die üblichen 3 Prozent des Gehirns ausnutzt, Aktien mindestens ebenso gut, wenn nicht sogar besser, herauspicken kann, wie der durchschnittliche Wallstreet-Experte", so Peter Lynch in seinem Bestseller *Der Börse immer einen Schritt voraus*. „Wenn man einigermaßen die Augen offen hält, kann man sich die herausragenden Titel direkt vom Büro oder aus dem Einkaufszentrum in der Nachbarschaft herauspicken, und zwar lange, ja sehr lange bevor die Wallstreet überhaupt auf sie aufmerksam wird."

Intuitive Chartanalyse

Auch wenn ich Sie ermuntern möchte, aus dem Bauch heraus zu investieren, so will ich Ihnen doch auch noch eine Möglichkeit der optischen Kontrolle mit auf den Weg geben. Denn es macht Sinn, nach dem ersten Schritt der Grobauswahl noch ein Fein-Tuning zu betreiben. Und das geht meiner Meinung nach sehr gut mit der so genannten Technischen Analyse. Diesen Begriff muss sich jemand ausgedacht haben, der Frauen auf jeden Fall von diesem Metier fernhalten wollte. „Technik" auf der einen Seite und „Analyse" auf der anderen, das hört sich tatsächlich nach einem furchtbaren Gemisch an. Dabei ist es eine zunächst sehr einfache Art, eine Aktie optisch darzustellen und sich ein Bild von ihr zu machen. Natürlich gehen die Techniker der Börse noch einen Schritt weiter: In mühsamer Kleinarbeit erarbeiten sie die tollsten Indikatoren, mit denen man dann Kursverläufe erklären und vor allem vorhersagen können soll. Das ganze hat fantasievolle Namen wie MACD und „gleitender Durchschnitt". Das soll hier aber nicht unser Thema sein. Für den Einstieg reicht es völlig aus, mit den einfachsten Methoden vorlieb zu nehmen.

Was sieht man nun auf den so genannten Kurscharts? Auf S. 142 sehen Sie ein paar Beispiele.

Die gezackte Linie ist der Kursverlauf einer bestimmten Aktie. Täglich wird der Schlusskurs in die Grafik eingezeichnet, das Ganze wird dann durch eine Linie verbunden.

Diese Grafik reicht nun schon aus, um die ersten einfachen Schritte zu machen. Denn dieser Kursverlauf gibt einer Aktie ein Gesicht.

Und genau da möchte ich ansetzen. Beim Gesicht einer Aktie. Das ist es nämlich, das Ihnen sofort ein Gefühl vermittelt, ob Ihre Überlegungen in die richtige Richtung gehen.

Auch wenn Sie jetzt schmunzeln, ich werde Ihnen in der nächsten Übung einige „Gesichter" zeigen. Sie werden sehen, dass es sehr einfach ist, zu erkennen, ob es einer Aktie gut oder schlecht geht. Genauso, wie Sie am Gesichtsausdruck eines Menschen erkennen, wie es ihm geht.

Ich möchte Ihnen damit verdeutlichen, dass Sie für den „Hausgebrauch" häufig keine komplizierten Modelle brauchen, sondern ganz einfach den Kursverlauf einer Aktie anschauen und sofort sehen, was mit ihr los ist und ob sich ein Kauf lohnt.

Dass wir Frauen hierfür bestens geeignet sind, haben auch die Herren inzwischen begriffen. John J. Murphy, der Papst der technischen Analyse, sagt über Sue Herera, mit der er für eine Art amerikanische Telebörse auf dem US-amerikanischen Sender CNBC täglich Charts analysiert: „Sue hat mich gelehrt, niemals den Wert der weiblichen Intuition zu unterschätzen. Sie hat eine Art, Fragen zu einer Marktentwicklung zu stellen, die bei mir den Eindruck erweckt, sie kenne bereits die richtige Antwort. Ich habe gelernt, es nie auf einem Dissens mit ihr ankommen zu lassen, da sie gewöhnlich Recht hat."

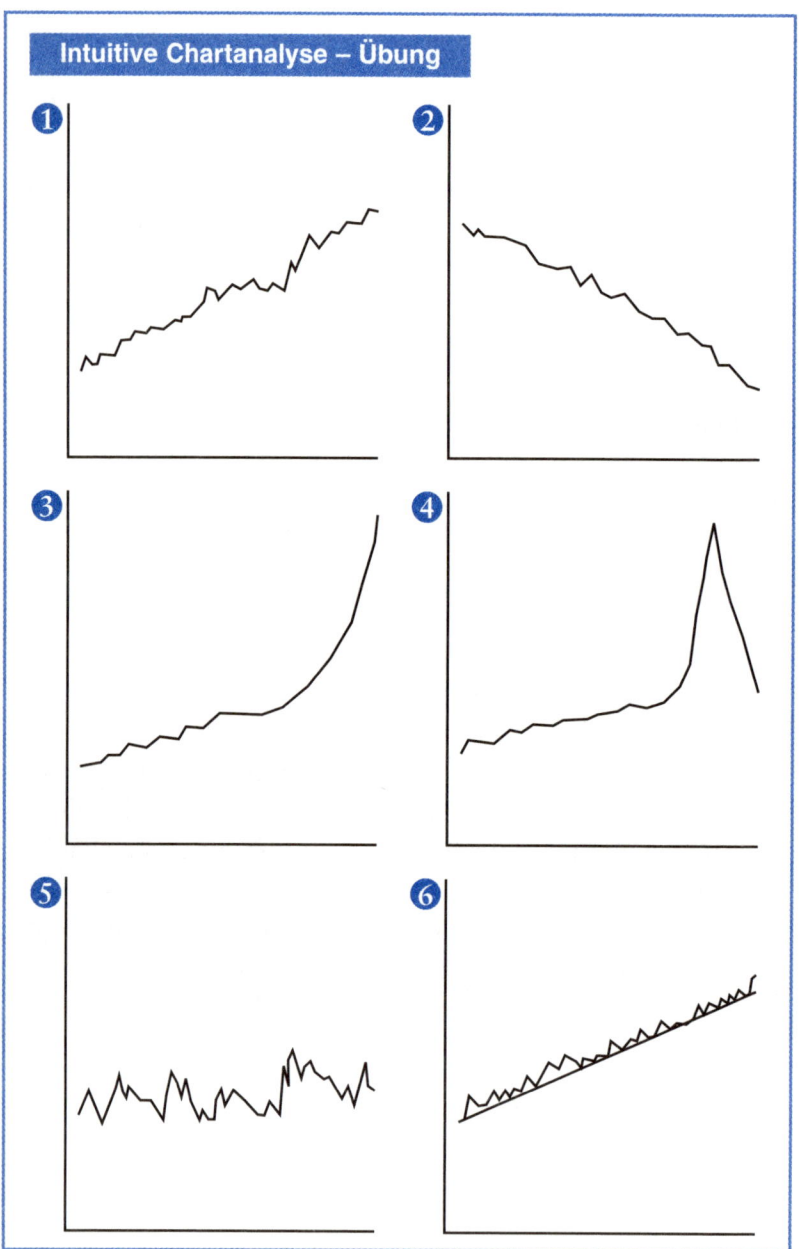

Intuitive Chartanalyse – Übung

Schauen Sie sich nacheinander die hier abgebildeten Kursverläufe an.

Versuchen Sie nun, zu jedem Bild ein Gefühl zu entwickeln, schauen Sie der Aktie ins Gesicht! Zur Erklärung vielleicht noch kurz der Hinweis: Wenn die Kurse steigen, so zeigt auch die Linie nach oben und umgekehrt!

1 „Gesunder" Kursverlauf, mit dieser Aktie hätten Sie bis heute gute Gewinne gemacht, die Wahrscheinlichkeit ist hoch, dass dieses Papier auch in Zukunft positiv laufen wird.

2 „Ungesunder" Kursverlauf, Achtung, hier scheint etwas nicht zu stimmen, weitere Informationen sind nötig.

3 Klassische Fahnenstange, so etwas löst bei Anlegern die Gier aus, alle wollen noch mehr Gewinn sehen, keiner glaubt in diesen Phasen, dass die Party irgendwann einmal vorbei sein könnte. Die Börse ist keine Einbahnstraße, das sagte schon Börsenaltmeister Kostolany. So sehen Übertreibungen aus und die werden an der Börse irgendwann abgebaut. Denken Sie an Kostolanys Gleichung 2 + 2 = 5−1.

Bändigen Sie Ihren inneren Schweinehund, auch wenn Sie die Gier in sich spüren, und verkaufen Sie so ein Papier zügig, weinen Sie dem möglicherweise entgangenen Gewinn nicht nach, sondern freuen Sie sich über die tatsächlichen Renditen.

4 Autsch! Hier ist es bereits geschehen, die Gier ist der Angst gewichen, die Anleger haben in Panik ihre Aktien ver-

kauft, viele von ihnen haben den „richtigen" Ausstiegszeit-
punkt verpasst, diese Entwicklung sehen wir immer wieder.
Hier hat sich Kostolanys Gleichung bewahrheitet.

5 Diese Aktie ist nichts für schwache Nerven. Der Kurs ist
in der Vergangenheit an einem Tag stark angestiegen, am
nächsten schon wieder stark gefallen. So etwas kommt vor,
wenn sich die Marktteilnehmer kein richtiges Bild von einem
Unternehmen machen können. Vielleicht gab es längere Zeit
keine Meldungen, weder positive noch negative. Vielleicht waren die Nachrichten aus diesem Unternehmen aber auch wi-
dersprüchlich.

Börsianer nennen so einen Kursverlauf „volatil", das bedeutet
schwankungsfreudig. Ob Ihnen so etwas Freude macht, weiß
ich nicht. Besser Finger weg!

6 Hier waren die Profis am Werk, haben ihre Linien gezogen. Was wir hier sehen, nennt sich ein Aufwärtstrend. Es
sieht ganz so aus, als würde der Aktienkurs von Geisterhand
nach oben gezogen. Immer wenn es mal nach unten geht mit
dem Kurs, so stoppt dieser Trend ganz genau auf der eingezeichneten Linie. Wie kann das sein? Nun, man kann von
einer sich selbst erfüllenden Prophezeiung sprechen. Das
funktioniert so: Alle technikinteressierten Anleger starren auf
diese Linie. Und nicht nur die. Auch die so genannten Fundis,
also diejenigen, die sich hauptsächlich um die Konjunkturdaten und Unternehmensmeldungen kümmern, schielen schon
mal rüber, um sich für ihre Entscheidungen Bestätigung zu
holen.

Wenn nun also der Aktienkurs in die Nähe der eingezeichneten Linie kommt, dann erwarten in unserem Fall alle, dass die Unterstützung hält und der Kurs wieder nach oben geht. Um von diesem Anstieg zu profitieren, kaufen die Marktteilnehmer die Aktie. Die Nachfrage steigt – und mit ihr der Kurs.

So einfach ist das im Prinzip. Leider ist aber auch dies keine hundertprozentige Garantie. Manchmal reicht schon eine kleine schlechte Meldung, um den Kurs von seinem Aufwärtstrend in den Keller sausen zu lassen.

Also, Sie merken schon: Eines allein reicht an der Börse nicht. Es ist immer die Mischung aus Intuition und Information, die den Erfolg ausmacht.

Den intuitiven Spekulanten gehört die Zukunft

Es könnte sogar sein, dass bald die Frauen die tonange-
benden Börsianer sind. Der Grund ist die große Umwälzung, die die Aktienmärkte derzeit in aller Welt erleben. Überall nimmt die Zahl der Zocker und Börsenhänd-
ler zu. Rund um die Uhr und den Globus werden Aktien,
Optionen, Devisen – alles, womit Differenzgeschäfte möglich sind – gehandelt. Experten prophezeihen eine noch
schnellere, hektischere und damit auch ineffektivere Finanzwelt. Die Schwankungen werden immer größer, die
Zyklen kürzer und die Anlageinstrumente immer komple-
xer. Diese Umwälzung macht die Schwankungen des Ak-
tienmarktes noch aufregender, aber auch noch schwieriger.
Die klassischen Techniken des Timings dürften noch mehr
versagen, als sie es eh schon tun, vor allem bei den kurzfristigen Schwankungen. Wenn überhaupt, dann verspre-
che ich mir nur vom verstärkten Einsatz der weiblichen
Intuition eine Lösung. Nicht nur im Leben, sondern auch
an der Börse – im Aktien- wie auch Terminhandel – ist die
Zukunft weiblich.

TEIL IV

DIE KÖNIGINNENSTRATEGIE

Nun haben Sie viel darüber erfahren, warum wir Frauen die besten Voraussetzungen haben, an der Börse erfolgreich zu sein. Die typisch weiblichen Stärken wie Intuition und emotionale Intelligenz sind es, die uns helfen, Fallstricke zu erkennen und ihnen gekonnt auszuweichen. Jetzt ist es an der Zeit, dieses theoretische Wissen in die Tat umzusetzen. Und hier kann ich Ihnen nicht mehr allzu viel helfen. Aktien auswählen und kaufen müssen Sie nun selbst. Um Ihnen aber so viel wie möglich mit auf den Weg zu geben, habe ich hier am Ende des Buches noch einmal in aller Kürze die Königinnen-Strategie zusammengestellt. Einige Punkte werden Ihnen bekannt vorkommen, die haben Sie anderer Stelle in diesem Buch schon kennen gelernt. Einiges kommt noch hinzu.

Leider gibt es an der Börse, wie im Leben, keine hundertprozentige Gewinngarantie. Es wäre falsch, Ihnen da etwas vorzugaukeln. Mit meiner Strategie können Sie es nicht vermeiden, dass Sie an der Börse Fehler machen, dass Sie auch mal auf die falsche Aktie setzen oder dass Ihre Gefühle mit Ihnen durchgehen. Denken Sie an das Diät-Kühlschrank-Beispiel: Ich kann Ihnen nur sagen, dass Sie bei einer Diät nicht nachts den Kühlschrank plündern sollten. Durchhalten und Ihren inneren Schweinehund an die Leine legen müssen Sie schon selbst.

Ich möchte Ihnen mit der Königinnen-Strategie den Einstieg erleichtern.

Wenn Sie sie gelesen haben, können Sie loslegen und Ihre ersten Erfahrungen an der Börse sammeln. Und ganz nebenbei bauen Sie sich damit den Grundstock für Ihre finanzielle Zukunft auf.

Wichtig ist nur, dass Sie gleich loslegen. Und damit bin ich schon mittendrin in der Königinnen-Strategie.

STARTEN SIE GLEICH HEUTE!

Sie müssen nicht warten, bis Sie einen bestimmten Geldbetrag gespart haben. Aktienkauf geht auch mit kleinen Beträgen und in kleinen Mengen. Inzwischen ist es möglich, eine einzige Aktie zu kaufen, früher gab es nur Pakete von 50 oder 100 Stück. Seitdem sich immer mehr Privatanleger an der Börse tummeln, wurden diese Stückzahlen auf eine Aktie verringert. Daher können Sie schon mit 50 oder 100 DM an der Börse dabei sein.

Gehen Sie direkt zu Ihrer Hausbank und eröffnen Sie dort ein Depot! Machen Sie sich keine Sorgen, dass Sie bei einer anderen Bank bessere Konditionen bekommen könnten. Wenn Sie sich jetzt erst lange informieren, dann schieben Sie Ihren Börsenstart nur unnötig auf. Es ist jederzeit möglich, mit einem Aktiendepot die Bank zu wechseln. Aber darum können Sie sich dann kümmern, wenn Sie ein Depot haben!

Richten Sie einen Sparplan ein

Lassen Sie jeden Monat einen bestimmten Betrag von Ihrem Konto abbuchen und sparen Sie diesen konsequent in Aktien an. Sehen Sie diesen Sparplan als Langfristanlage! Mindestens 10 Jahre sollte die Anspardauer sein. Alle Banken bieten inzwischen schon mit Beträgen von 50 oder 100 DM im Monat solche Pläne an.

Achten Sie darauf, dass Sie einen „frauenfreundlichen" Sparplan abschließen. Dieser sollte berücksichtigen, dass Sie vielleicht nicht so einen geraden Karriereweg haben wie ein männlicher Kollege. Durch Babypausen könnten Sie in die Situation kommen, nicht mehr so viel ansparen zu können oder für eine Weile mit den Einzahlungen auszusetzen. All diese Möglichkeiten sollten im Vorfeld berücksichtigt werden!

Gerade für Anleger, die Sorgen vor den heftigen Schwankungen am Aktienmarkt haben, eignet sich ein Sparplan ganz besonders. Wenn Sie nämlich regelmäßig immer den gleichen Betrag ansparen, dann können Sie sich sogar über schwache Kurse an der Börse freuen. Das hört sich im ersten Moment paradox an, bei genauerem Hinsehen werden Sie verstehen, wie das funktioniert.

Stellen Sie sich vor, Sie sparen pro Monat 100 Mark in einem Fondsparplan. Zu Beginn Ihrer Sparphase können Sie 2 Anteile zum Preis von je 50 DM kaufen. Im nächsten Monat sinkt der Kurs – zur Vereinfachung sagen wir um 50 Prozent, in der Wirklichkeit werden Sie mit Fondsanteilen keine so starken Schwankungen erleben.

Jedenfalls können Sie nun mit den 100 DM vier Anteile à 25 Mark kaufen.

Einen Monat später lacht bereits wieder eine freundliche Börsensonne. Der Kurs der Fondsanteile steigt. Sie kaufen mit den 100 Mark gerade noch einen Anteil.

Ingesamt haben Sie nun 7 Fondsanteile. Sie haben dafür 300 DM ausgegeben. Das heißt, Sie haben pro Fondsanteil 42,86 DM bezahlt.

Hier noch einmal die Rechnung:

1. Monat: 2 Anteile zu 50 DM
2. Monat: 4 Anteile zu 25 DM
3. Monat: 1 Anteil zu 100 DM

Gesamt: 300 DM : 7 Anteile = 42,86 DM

Sie sehen ganz deutlich, dass Sie durch die regelmäßige Anlage genau dann mehr Anteile bekommen haben, als der Kurs niedrig war. Genau wie in einem Supermarkt haben Sie also bei den Schnäppchenpreisen zugegriffen. Ich habe das schon früher in diesem Buch als antizyklisches Verhalten beschrieben. Hier kehrt es in einer etwas anderen Form wieder. Der Vorteil für Sie: Sie müssen keine starken Nerven bewahren, den Kauf der Fondsanteile übernimmt Ihre Bank.

Obwohl ein Fondsanteil heute 100 DM kostet, müssen Sie durchschnittlich nur 42,86 DM zahlen. Sie profitieren hier vom so genannten Durchschnittskostenverfahren.

Ganz deutlich wird der Vorteil, wenn wir eine andere Rechnung gegenüberstellen. Sie könnten ja auch monatlich eine bestimmte Anzahl von Anteilen kaufen. Um im Beispiel zu bleiben, sagen wir 2,3 – so haben wir nach 3 Monaten ebenfalls 7 Anteile.

1. Monat: 2,3 Anteile zu   50 DM = 115   DM
2. Monat: 2,3 Anteile zu   25 DM =   57,50 DM
3. Monat: 2,3 Anteile zu 100 DM = 230   DM

Gesamt: 402,50 DM : 7 Anteile = 57,50 DM

In diesem Beispiel müssten Sie im Durchschnitt 57,50 DM für einen Anteil bezahlen. Ganz klar, es macht mehr Sinn, in regelmäßigen Beträgen zu sparen, nicht in festgesetzten Anteilen!

STREUEN SIE IHR RISIKO MÖGLICHST BREIT!

Haben Sie nur Aktien eines einzigen Unternehmens, so hängt Ihr ganzes finanzielles Schicksal daran. Haben Sie dagegen Aktien von mehreren Unternehmen, so kann ein schwacher Wert immer noch durch mehrere gute Aktien ausgeglichen werden. Es gibt keine Grundregel für die exakte Anzahl von Aktien im Depot. Meine Erfahrung zeigt, dass es immer so viele sein sollten, dass man nicht den Überblick verliert. Für den einen sind das vielleicht 5 Werte, bei jemandem, der etwas mehr Zeit investieren will können es aber auch 15 sein.

FONDSANTEILE

Da Sie mit einem kleinen Betrag keine 5 verschiedenen Aktien kaufen können, sollten Sie sich in diesem Fall für einen Fondsanteil entscheiden. Dabei kaufen Sie ein „Stück" aus einem ganzen Korb von Aktien. Um die Auswahl und Umschichtung im Fonds kümmert sich ein so genannter Fondsmanager.

Es gibt Fonds für jeden Geschmack, von Länderfonds über Branchenfonds bis hin zu den bereits angesprochenen Themenfonds (Öko-Fonds fallen in diese Kategorie). Ich empfehle für den Anfang einen weltweit anlegenden Standardwerte-

Fonds. Da hat man die Aktien der großen Unternehmen dieser Welt beisammen. Das ganze verspricht eine gute, solide Rendite bei einem überschaubaren Risiko.

TROCKENÜBUNGEN

Bevor Sie sich an den Kauf von riskanten Einzelaktien wagen, können Sie immer wieder eine Weile die Trockenübung von S. 53 machen. So bekommen Sie ein Gespür für Ihre Aktie und erlernen die wichtigsten Grundkenntnisse über das Unternehmen. Und außerdem bekommen Sie so Zutrauen, sich wirklich an die Aktie zu wagen!

ENTSCHEIDUNGEN ABSICHERN

Kaufen Sie auch später nur Aktien von Unternehmen, die Sie kennen und deren Produkte Sie verstehen! Denken Sie daran, dass Sie den Markt nie kontrollieren können. Sie können Ihre Entscheidungen aber absichern. Daher sollten Sie vor jedem Aktienkauf Informationen zum betreffenden Unternehmen sammeln. Damit ist schon klar, dass Sie nicht nur auf Gurus hören sollten. Bitte informieren Sie sich immer selbst durch gezielte Nachfragen und machen Sie sich ein eigenes Bild!

COOL BLEIBEN

Versuchen Sie, Ihre Gefühle im Zaum zu halten, auch wenn es an der Börse heiß hergeht!

Der größte Teil Ihres Depots sollte daher aus Aktien bestehen, mit denen Sie auch eine Schwächephase an der Börse einfach aussitzen können (hier sind die oben angesprochenen internationalen Standardwerte gemeint). Im Jahresvergleich hat man in den letzten Jahren mit Aktien ca.12 Prozent pro Jahr erwirtschaftet, trotz einiger Flauten!

Damit Sie möglichst gelassen bleiben können, wenn die Kurse zwischendurch mal purzeln, sollten Sie Aktien nur von Geld kaufen, das Sie für eine längere Zeit entbehren können. Nehmen Sie also nichts aus dem Budget für den Sommerurlaub oder eine baldige Anschaffung!

FINANZIERUNG IST WICHTIG

Genauso wichtig an dieser Stelle: Kaufen Sie keine Aktien auf Kredit! Auch dann läuft Ihnen nämlich die Zeit davon, wenn die Kurse sich nicht gleich in die gewünschte Richtung bewegen. Das war auch der Auslöser für die schlechte Börsenstimmung in diesem Frühjahr. Zu viele Anleger hatten auf Pump Aktien gekauft. Als die Kurse fielen, mussten sie bei der Bank Geld als Sicherheit nachschießen. Da das viele nicht konnten, wurden die Aktien einfach verkauft. Nun sitzen diese Anleger ohne Aktien da und müssen trotzdem die Kredite zurückzahlen.

SPEKULATION

Wenn Sie etwas Erfahrung gesammelt haben, können Sie auch in spekulativere Aktien investieren. Ich rate Anlegern mit maximal 20 Prozent ihres Depots in Titel des Neuen Marktes oder der amerikanischen Hightech-Börse Nasdaq zu gehen.

Hierbei sollten Sie an die Stolperfallen aus Teil III denken. Legen Sie Ihren inneren Schweinehund an die Leine!

Auch für die Auswahl von Aktien aus dem Neuen Markt oder der Nasdaq genügen der gesunde Menschenverstand und etwas Intuition. Welches sind die Branchen der Zukunft, welche Unternehmen haben sich hier am besten positioniert?

Ich habe eine Eselsbrücke für Sie, mit der Sie die fünf wichtigsten Bereiche immer vor Augen haben: TIMES! Die Buchstaben stehen jeweils für eine Branche mit Zukunftschancen und sollen Ihnen helfen, die richtigen Aktien zu finden.

T = Telekommunikation

Ohne sie geht heute nichts mehr und die Telekommunikation wird auch in Zukunft unser Leben immer weiter beeinflussen. Mit der neuen Generation von Mobilfunkhandys wird es in zwei Jahren möglich sein, Spielfilme anzuschauen oder seine Krankenakte auf dem Handy-Display zu begutachten.

I = Internet

Das World Wide Web hat sich von einem militärischen Experiment zu einem weltumspannenden Kommunikationsmedium gemausert. Wir stehen erst am Anfang der Möglichkeiten, die das Internet verspricht. Immer mehr Daten werden immer schneller um den Globus gejagt. Durch das „Netz" bekommen Menschen auf der ganzen Welt völlig neue Chancen in Sachen Ausbildung, Information, Unterhaltung und Interaktion.

M = Multimedia

Die verschiedenen Bereiche wachsen zusammen. Computer, Fernsehen, Zeitung und Buch werden irgendwann miteinander verwoben sein. Software, die multimediale Anwendungen ermöglicht, ist auf dem Vormarsch.

E = Entertainment

Wir werden in Zukunft immer mehr Zeit für uns haben, da Computer viel lästige Arbeit abnehmen. Diese Freizeit muss gefüllt werden. Unterhaltung (Entertainment) nimmt jetzt schon einen wichtigen Stellenwert ein und wird in den nächsten Jahren noch kräftig zulegen.

S = *Sicherheitstechnik*

Im Frühjahr haben einfache Computerviren einen Milliarden-
schaden auf den Rechnern weltweit angerichtet. Wie ein
Schneeballsystem hat sich z.B. der „I Love You"-Virus fortge-
pflanzt. Computer ohne Virenschutz waren eine leichte Beute.
Auf die Sicherheit bei Computern und im Internet wird mehr
und mehr Wert gelegt.

Bei den einzelnen Unternehmen aus diesen Branchen gibt es
wiederum einen einfachen Trick, den man gut anwenden
kann:

„Kaufen Sie die Schaufelverkäufer!", heißt es da immer wieder. Wie bitte, werden Sie fragen, wer verkauft heute noch
Schaufeln? Gemeint sind damit natürlich nur Schaufeln im
übertragenen Sinne. Während des Goldrauschs in Amerika
kamen tausende von Glücksrittern in der Hoffnung auf
schnellen Reichtum ins Land. Nur wenige von ihnen wurden
wirklich reich, weil sie das begehrte Gold fanden. Diejenigen
aber, die ihnen die Schaufeln und Gerätschaften zum Schürfen
verkauft hatten, machten das Geld.

So ähnlich läuft es heute in vielen Bereichen der Wirtschaft
auch. Viele Unternehmen wollen in den oben genannten Branchen mitmischen und das große Geld mit Internet oder Telekommunikation verdienen. Bevor es so weit ist, müssen Sie
sich aber mit entsprechender Technik ausrüsten. Und die kaufen sie bei den „Schaufelherstellern". Egal wer sich am Ende
durchsetzt – die Ausrüster verdienen auf jeden Fall.

GRÜNES GELD

Immer wieder unterhalte ich mich mit Frauen über Ihre Wünsche und Ziele in Sachen Geldanlage. Dabei stelle ich häufig den „kleinen Unterschied" fest. Viele Frauen fühlen sich nicht nur für sich selbst, sondern viel mehr für ihre Familien und für die Welt, in der wir und unsere Kinder leben, verantwortlich.

Das wollen sie auch in ihren Anlageentscheidungen zum Ausdruck bringen. Sehr häufig erzählen mir Frauen, dass sie gar keine Aktien kaufen wollen, da sie niemals genau wissen, ob ein Unternehmen nicht doch irgendwo gegen Menschenrechte verstößt oder Waffen herstellt.

Sicherlich ist es richtig, dass Unternehmen in hoch komplizierten Firmengeflechten dies und jenes verstecken können. Ich möchte Sie aber trotzdem ermutigen, in Aktien zu investieren, wenn Sie verantwortungsvoll sein möchten. Denn intuitiv haben Sie auch hier wieder den richtigen Riecher. Mit Aktien aus ökologisch- oder sozial verantwortlichen Unternehmen ließ sich in den vergangenen Jahren gutes Geld verdienen. Die durchschnittliche Rendite lag bei etwa 13 Prozent.

Woran liegt das? Nun, die Fragen, die Sie in Ihrem Leben interessieren, beschäftigen auch die Unternehmen. Wie sieht die Welt in 20 oder 25 Jahren aus? Ist es ein lebenswerter Platz für unsere Kinder? Wie soll die Ernährung von 7 oder gar 10 Milliarden Menschen auf dem Globus gewährleistet werden? Ihnen fallen möglicherweise noch viele andere Fragen ein.

Das sind natürlich Themen, die auch die Industrie nicht außer Acht lässt. Natürlich mit dem Gedanken an Gewinn. Aber seien Sie gewiss, auch der größte und mächtigste Manager hat Kinder und denkt genau wie Sie über deren Zukunft nach.

In den großen Unternehmen setzt sich ein verantwortungsvoller Gedanke vielleicht etwas langsamer durch. Viele kleinere, junge Firmen haben aber den Zug der Zeit erkannt und setzen auf Windenergie, Solarstrom oder Wasseraufbereitung.

Ein weiterer Aspekt, der übrigens auch in Großunternehmen immer mehr Gehör findet, ist die so genannte Nachhaltigkeit. Es zeigt sich nämlich, dass es für den Erfolg eines Unternehmens nicht nur auf die neuesten Maschinen ankommt, sondern auch auf die Art, wie mit den Menschen umgegangen wird, die in der Firma arbeiten, oder welche Rohstoffe verwendet werden.

Da es inzwischen eine Vielzahl von Anlegern gibt, für die es bei der Auswahl ihres Investments genau auf diese Punkte ankommt, sprießen seit Ende der 80er Jahre in Deutschland Öko- oder Ethik-Fonds aus dem Boden.

Um einen Maßstab für die Wertentwicklung zu haben, gibt es sei 1997 einen eigenen Index für diese Aktien, den so genannten NAX. Der Name ist angelehnt an den DAX, in dem sich die Aktien der 30 größten deutschen Unternehmen wiederfinden – Genaueres dazu im Glossar. NAX steht für den Natur-Aktien-Index, er enthält momentan 20 internationale Unternehmen, die sich durch ein ökologisches und/oder sozialverträgliches Handeln auszeichnen.

Wichtig für die Bewertung der einzelnen Firmen, auch derer, die nicht im NAX enthalten sind, ist immer auch der Öko-Effizienz-Index (Dow Jones Sustainability Global Index). Hier wird – vereinfacht gesagt – beurteilt, wie ökologisch man mit den Ressourcen umgeht. Auch ein Unternehmen, das z.B. Autos produziert, kann hier durch moderne Produktionstechniken einen hohen Standard erreichen, obwohl das Produkt an sich eher die Umwelt belastet.

Viele Banken bieten auch speziell gemanagte Öko-Fonds an. Noch sind die Kriterien, die bei der Bezeichnung „Öko-Fonds" verwendet werden, leider nicht ausgereift. So werden viele Firmen, sind sie einmal aufgenommen, nicht regelmäßig überprüft. Auch Umsätze in eigentlich abzulehnenden Bereichen, z.B. in der Rüstungsbranche, führen nicht zum Ausschluss, wenn diese unter 50 Prozent des Gesamtumsatzes liegen.

Daher gilt es hier, sich genau über die zu Grunde gelegten Kriterien zu informieren. Dennoch muss man festhalten, dass diese Firmen sich zumindest einen aktiven Erhalt und eine Unterstützung unserer Umwelt auf die Fahnen geschrieben haben. Und auch wenn man vielleicht nicht die Firma findet, die sich in allen Bereichen so verhält, wie man es sich wünschen würde, so kann man doch nach den eigenen Präferenzen gewichten.

Eine Untersuchung des Instituts für Ökologische Wirtschaftsforschung hat zudem ergeben, dass „grünes" Geld seit knapp 10 Jahren jährlich zweistellige Zuwächse hat. Grund genug, um über eine Investition in solche Aktien nachzudenken, oder?

> **Tipp**
>
> Verschaffen Sie sich einen Überblick über die Produkte in diesem Bereich! z.B. unter www.oekom.de oder auch bei Ihrer Hausbank. Die meisten Banken haben sich nämlich inzwischen auf dieses Thema eingestellt. Auch das Öko-Test-Magazin Ökonomy (Mai 2000) hat Umweltfonds getestet. Nähere Informationen unter www.oeko-boerse.de.

UMSCHICHTEN

Schichten Sie im Laufe der Zeit in festverzinsliche Wertpapiere um! Die Faustformel hier heißt:

100 – Lebensalter = Anteil an Aktien.

Im Alter von 28 Jahren sollte man demnach 72 Prozent in Aktien anlegen, mit 48 Jahren nur noch 52.

Je älter Sie also werden, desto mehr festverzinsliche Wertpapiere und weniger Aktien sollten in Ihrem Depot sein, damit Ihre Altersversorgung gesichert ist. Je nach persönlicher Neigung kann der Aktienanteil aber auch höher sein.

Mit dieser Strategie haben Sie in jungen Jahren die höheren Renditen durch den größeren Aktienanteil, im Alter dann aber die größere Sicherheit durch die Zinspapiere.

DELFIN-STRATEGIE

Zum Schluss möchte ich Ihnen einen Ratschlag mitgeben in Anlehnung an ein Zitat vom Börsenaltmeister André Kostolany. Der sagte nämlich immer, man solle Aktien kaufen, eine Schlaftablette nehmen und wenn man aufwacht, werde man überrascht sein, wie viel Geld im Depot sei.

Ich möchte Sie auffordern, es fast genauso zu tun. Mit dem einen Unterschied, dass Sie die Delfin-Technik anwenden sollten. Das hört sich komplizierter an, als es ist. Delfine schlafen zwar auch manchmal, allerdings nie ganz. Eine Gehirnhälfte bleibt bei den Tieren wach, so dass sie auch im Schlaf die Veränderungen in ihrer Umgebung wahrnehmen können. So sollten auch Sie Ihre Geldanlage betreiben. Bleiben Sie ruhig und gelassen, beobachten Sie aber weiterhin die Umwelt und fragen Sie hin und wieder nach, ob sich an der Grundsituation Ihrer Aktie etwas geändert hat.

Mit dieser Gesamtstrategie können Sie von nun an erfolgreich mit Aktien ein kleines Vermögen aufbauen. Lassen Sie sich nicht beirren, wenn nicht jede Ihrer Entscheidungen gleich ein Volltreffer ist, glauben Sie aber an sich und Ihre psychologischen Stärken. Sie werden Ihnen an der Börse weiterhelfen.

Ich hoffe, ich habe Ihnen Mut gemacht, und nun wünsche ich Ihnen alles Gute mit Ihrem neuen Hobby.

TEIL V

ANHANG

Lassen Sie sich Geld vom Staat schenken!

Vielleicht haben Sie schon einmal etwas von den so genannten „Vermögenswirksamen Leistungen" gehört. Die zahlen viele Arbeitgeber an ihre Mitarbeiter, um ihnen so einen Anreiz zum Sparen zu geben. Maximal 936 DM kommen dabei pro Jahr zusammen. Darauf zahlt der Staat noch eine Prämie von 20 bis 25 Prozent. Bis vor einigen Jahren konnte man dieses Geld nur in einen Bausparvertrag einzahlen. Der Traum von den eigenen vier Wänden sollte damit für jeden in greifbare Nähe rücken.

Inzwischen gibt es aber die Möglichkeit, die vermögenswirksamen Leistungen des Arbeitgebers sowie eine schöne Prämie vom Staat auch in Aktienfonds anzulegen. Eine wunderbare Art, den Grundstock für Ihre finanzielle Zukunft zu legen.

Wie funktioniert es: Zunächst müssen Sie herausfinden, wie hoch Ihr zu versteuerndes Einkommen ist. Es gibt nämlich eine Schallgrenze; wenn man mit seinem Einkommen darüber liegt, kann man leider keine vermögenswirksamen Leistungen bekommen. Diese Schallgrenze liegt bei Ledigen bei 35 000 DM, bei Verheirateten bei 70 000 DM. Das zu versteuernde Einkommen ist nicht gleichzusetzen mit Ihrem Bruttoeinkommen. Davon werden meist noch einige Freibeträge abgezogen. Den genauen Betrag finden Sie in Ihrem Steuerbescheid vom vergangenen Jahr.

Nicht jeder Arbeitgeber zahlt nun aber auch automatisch die vermögenswirksamen Leistungen, und selbst wenn er zahlt, muss es nicht der volle Betrag von 78 DM sein. Sie sollten sich bei Ihrem Arbeitgeber informieren. Fragen Sie in der Personalabteilung nach!

Falls Sie keinen Zuschuss von Ihrem Arbeitgeber bekommen, aber unter der Einkommensgrenze von 35 000/70 000DM liegen, so können Sie zumindest von der Prämie des Staates profitieren.

Insgesamt 800 DM pro Jahr können Sie in einem Fonds ansparen. Eine Liste der angebotenen Fonds gibt es beim Bundesverband Deutscher Investmentgesellschaften in Frankfurt oder im Internet unter **www.BVI.de**. Hier findet man viele weitere Informationen zu vermögenswirksamen Leistungen.

Auf die Ansparsumme von 800 DM zahlt Ihnen der Staat dann eine Prämie von 20 Prozent, also 160 DM im Jahr. In den neuen Bundesländern liegt diese Prämie sogar bei 25 Prozent, also 200 Mark. Dieses Geld können Sie allerdings nicht ausgeben, sondern müssen es zusätzlich mit ansparen. Ein schönes Geschenk und ein Anreiz für all die, die immer noch glauben, zu wenig Geld für Aktien zu haben.

Die altbekannte Förderung von Bausparverträgen gibt es natürlich weiterhin. Wenn man sowohl einen Bausparvertrag als auch einen Fonds-Sparplan abschließt, dann kommt man sogar in den Genuss weiterer staatlicher Prämien. Wenn Sie daran Interesse haben, sollten Sie sich mit Ihrer Bank oder einer Bausparkasse in Verbindung setzen. Inzwischen bieten diese diverse Kombi-Pakete an, mit denen Sie die gesamte Förderung optimal ausnutzen.

Achtung bei allen Kombi-Produkten, bei denen es den Bausparvertrag und den Fonds-Sparplan zusammen in einem Paket gibt! Vergleichen Sie auch jeweils einzelne Produkte! Möglicherweise macht es mehr Sinn und bringt eine bessere Rendite, wenn Sie beide Bausteine einzeln kaufen.

WICHTIGE BÖRSENINDIZES

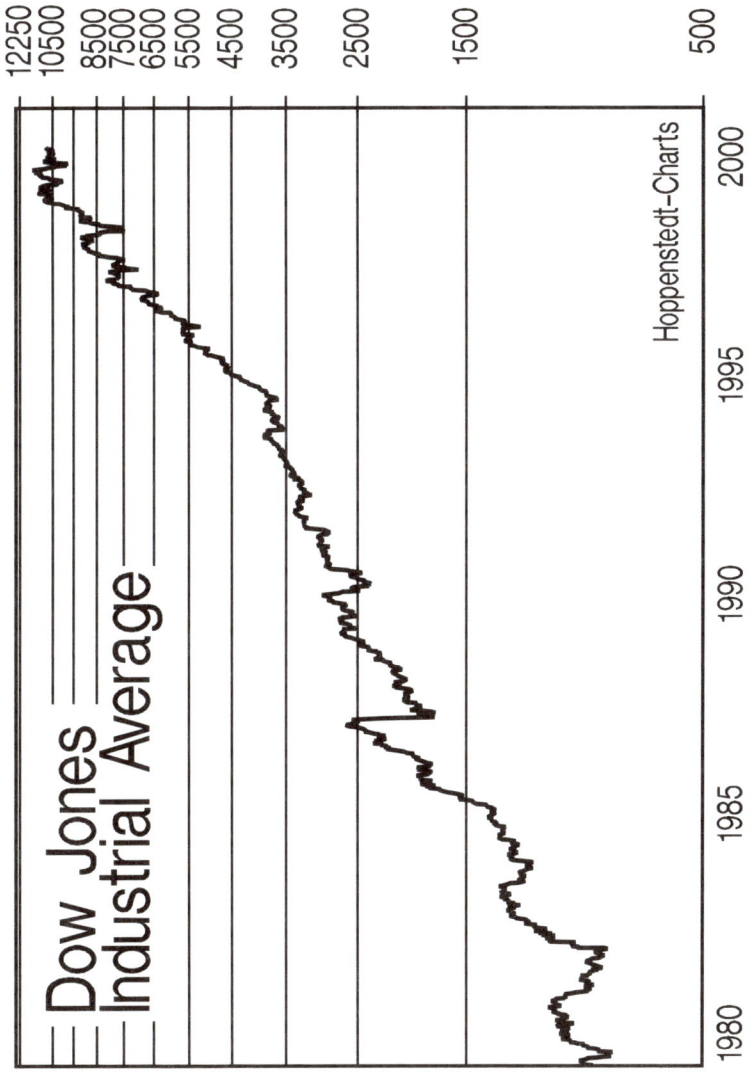

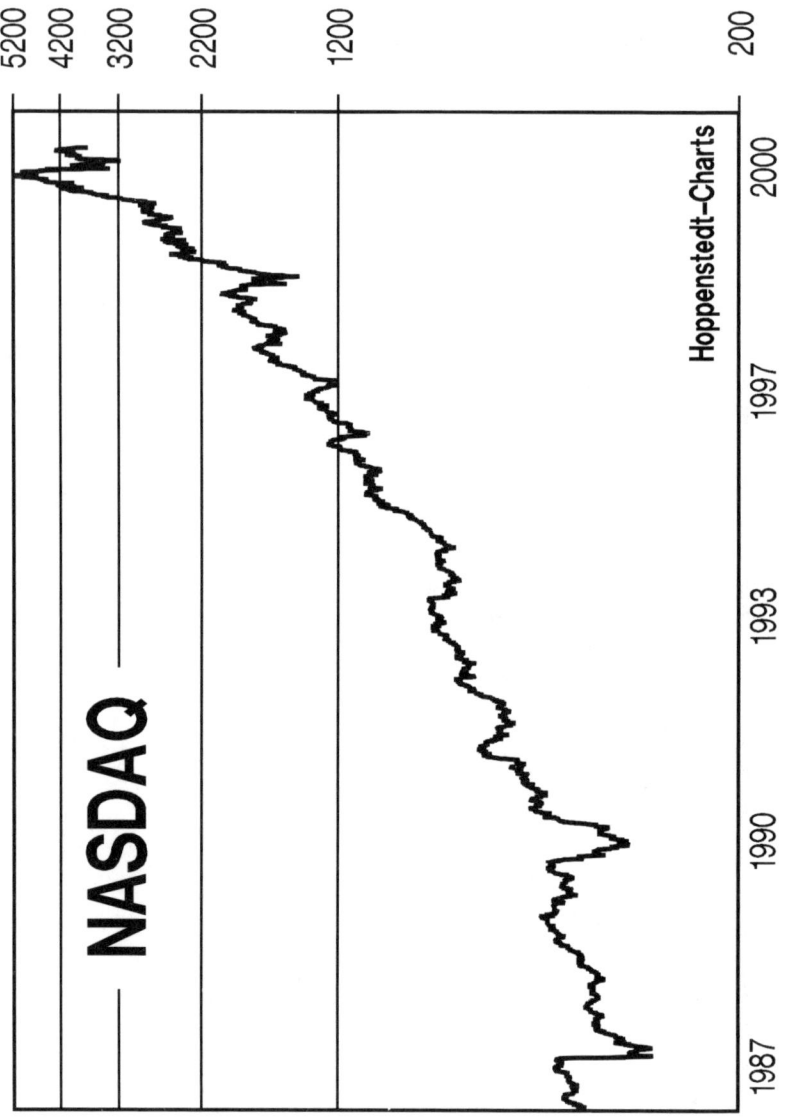

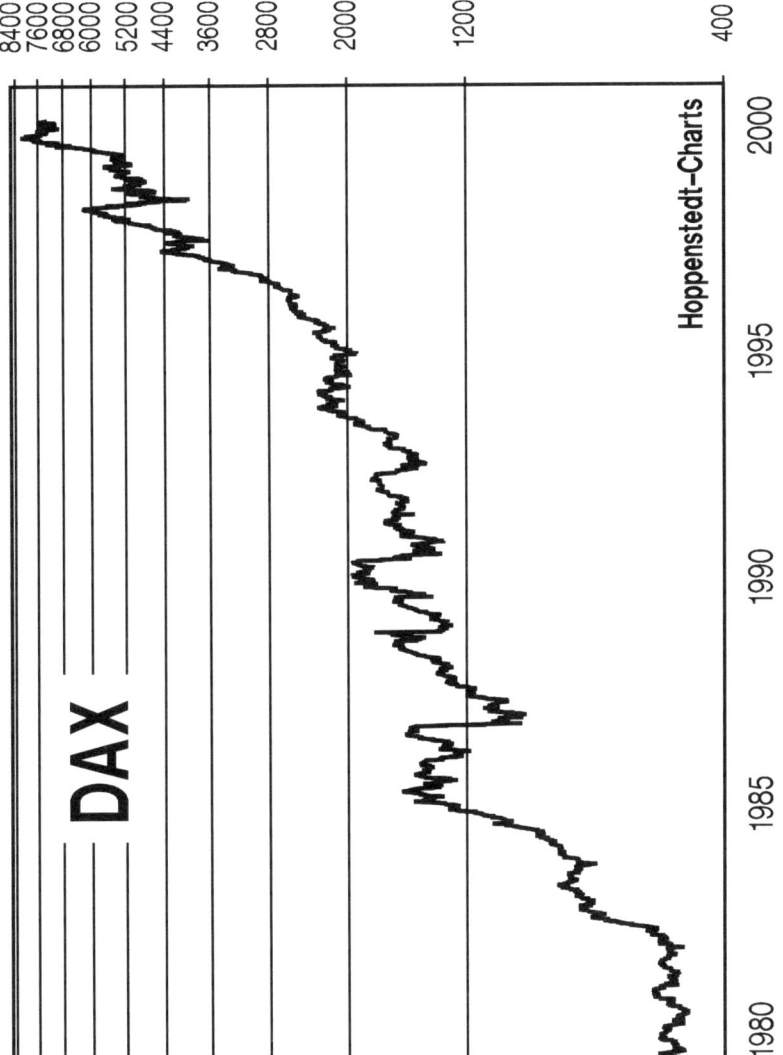

DAX

Hoppenstedt–Charts

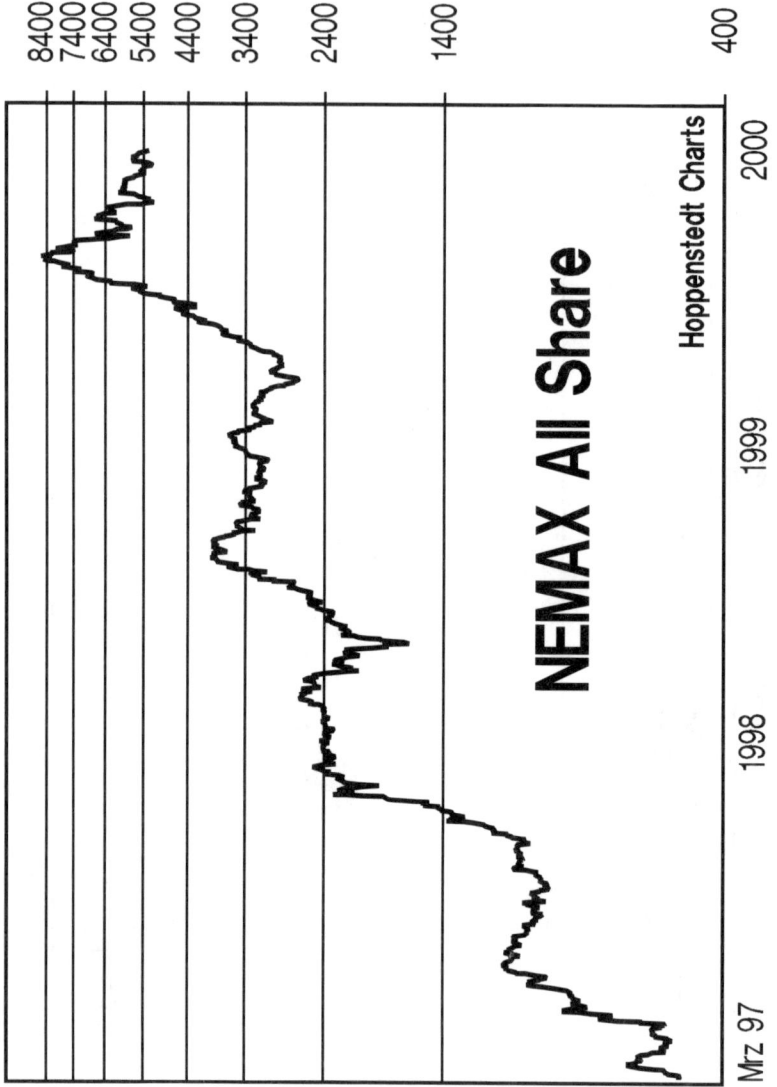

NEMAX All Share

Hoppenstedt Charts

GLOSSAR

Aktie

Jede Aktie bedeutet einen Anteil an einer Aktiengesellschaft. Damit verbunden sind Stimmrecht und Beteiligung an den Unternehmenserfolgen.

Aktienanleihe

Mischform zwischen Aktieninvestment und Anleihe. Auch hier werden eine Zinszahlung und eine Laufzeit festgelegt. Der Zins liegt deutlich über dem von Staatsanleihen. Der Unterschied besteht aber darin, dass der Emittent (z. B. eine Bank) am Ende der Laufzeit entscheiden kann, ob man 100 % seines Geldes oder eine bestimmte Anzahl von Aktien zurück bekommt. Dies wird dann der Fall sein, wenn die Aktie während der Laufzeit gefallen ist. Damit kann es passieren, dass man am Ende der Laufzeit weniger Geld zurück bekommt, als man eingezahlt hat. Manchmal wird das auch nicht durch die hohe Zinszahlung ausgeglichen. Allerdings hat man den Verlust dann zunächst auf dem Papier, denn man hat die Aktie im Depot. Aktienanleihen eignen sich nur dann, wenn man davon ausgeht, dass eine Aktie sich während der Laufzeit nicht sonderlich stark bewegt.

Aktiengesellschaften

Um mehr Kapital zu beschaffen, gehen Unternehmen an die Börse. Die Anteile an dem Unternehmen werden in Form von → Aktien verkauft. Je nach wirtschaftlicher Entwicklung des Unternehmens steigt oder fällt der Wert der Aktie.

Aktienindex

Kennzahl, die über Wertveränderung von Aktien informiert. Indizes gibt es für einen Gesamtmarkt, wie z.B. den DAX, sowie als Branchenindizes für Teilmärkte (z.B. Aktien der Automobilbranche).

Aktienrendite/Kapitalrendite

Dies ist die effektive Verzinsung von Wertpapieren. Berechnet wird die Kapitalrendite auf das eingesetzte Kapital. Der laufende Kapitalertrag umfasst Dividenden und Zinsen. Bei der Berechnung der Rendite von Wertpapieren sind als Ertrag neben den gezahlten Dividenden bzw. Zinserträgen auch Kursveränderungen und sonstige Erträge (z. B. Bezugsrechte) zu berücksichtigen.

Aktien-Split

Wenn ein Unternehmen die Anzahl der vorhandenen Aktien durch Teilung vermehrt, um sie scheinbar billiger zu machen. Dadurch wird aber natürlich auch der Anteil am Unternehmen, den eine Aktie darstellt, kleiner.

Anleihe

Festverzinsliches Wertpapier, z. B. Staatsanleihen, Pfandbriefe etc. Dabei wird ein fester Zinssatz vereinbart, zu dem man sein Geld z.B. an einen Staat verleihen kann. Ebenso wird eine Laufzeit vereinbart. Während dieser Laufzeit kann der Kurs einer Anleihe genauso steigen und fallen wie der einer Aktie.

Baisse

Über einen längeren Zeitraum fallen die Kurse an der Börse oder in einzelnen Bereichen. Dieses Verhalten ist konträr zur → Hausse.

Bär

Pessimistischer Anleger, der mit sinkenden Kursen rechnet. Es gibt einige Erklärungsansätze, warum das Bild des Bären für den pessimistischen Marktteilnehmer gewählt wurde. Einer ist der folgende: in früheren Zeiten wurden Bären und Bullen (s.u.) im Kampf aufeinander losgehetzt. Der Bär schlug mit seiner Pranke von oben nach unten, um seinen Gegner zu verletzen. Dies wurde als Sinnbild für sinkende Kurse an der Börse übertragen.

Bilanz

Eine Gegenüberstellung von Vermögen (Mittelverwendung) und Kapital (Mittelherkunft) eines Unternehmens zu einem bestimmten Stichtag. Hier lässt sich die Gesundheit und zukünftige Entwicklung des Unternehmens ablesen.
Zusammen mit der Gewinn- und Verlustrechnung ergibt sich der Jahresabschluss.

Blue Chips

Als besonders solide eingeschätzte Aktie von den größten Unternehmen eines Landes, meist sind diese dann auch in den Indizes des jeweiligen Landes vertreten.

Boom

Dieser Begriff steht für ein extremes Ansteigen der Börsenkurse. Häufig folgt auf ihn der → Crash.

Börsenkrach

→ Crash

Broker

Börsenmakler, der für seine Kunden Aktien kauft und verkauft.

Bulle

Optimistischer Anleger, der auf steigende Kurse setzt. Der Bulle steht für steigende Kurse, weil er den Bären im Kampf auf die Hörner nimmt und nach oben stößt (s.o.).

Cash-flow

Eine Messgröße, die die Liquidität und die finanzielle Entwicklung eines Unternehmens angibt. Der Cash-flow gibt an, wie viel liquide Mittel ein Unternehmen aus eigener Kraft erwirtschaftet.

Crash

Damit ist das rapide Abstürzen der Aktien nach einem → Boom gemeint. Immer wieder kommt es vor, dass einzelne Aktien abstürzen, betrifft es fast alle Aktien, so spricht man auch von einem Börsencrash.

DAX

Der Deutsche Aktienindex, kurz DAX, ist das wichtigste deutsche Börsenbarometer. Es setzt sich zusammen aus den 30 wichtigsten deutschen Aktien und wird regelmäßig angepasst. Die Gewichtung der einzelnen Aktien wird momentan noch nach der → Marktkapitalisierung vorgenommen. Demnächst könnte man aber dazu übergehen, die Gewichtung nach dem → Streubesitz der Aktien durchzuführen. Der DAX wurde am 1.Juli 1988 zum ersten Mal berechnet.

Depot

Die Grundvoraussetzung für den Kauf und Verkauf von Aktien. Sie können ein Depot bei jeder Bank eröffnen. Die meisten Banken verlangen eine Gebühr, bei einigen ist das Depot inzwischen aber auch kostenlos.

Dividende
Ausschüttung pro Aktie vom Gewinn der Aktiengesellschaft. Dividenden unterliegen der Besteuerung. Ein Teil bleibt jedoch steuerfrei (→ Freistellungsauftrag).

Diversifizierung
Aufteilung der Investitionen in verschiedenen Aktien oder Anlageformen (Aktien, Fonds, Anleihen etc.), um das Risiko zu verringern.

Dow Jones
Der Dow Jones Industrial Average, so die vollständige Bezeichnung, war der erste Aktienindex. In ihm zeigt sich die durchschnittliche Entwicklung der 30 wichtigsten Aktien der USA.

Emission
Wenn ein Unternehmen an die Börse geht, so wird die Ausgabe von Aktien an Anleger als Aktienemission bezeichnet. Auch die Ausgabe von neuen Anleihen durch den Staat oder ein Unternehmen wird Emission genannt.

Ethik-Fonds
Ähnlich wie bei den → Öko-Fonds werden hier Unternehmen zusammengefasst, die sich für ethische Interessen einsetzen (z. B. keine Kinderarbeit, Produktion in Ländern, die für die Menschenrechte eintreten etc.).

Euro-Stoxx
Aktienindex für die Europäische Union plus Schweiz. Beim Euro-Stoxx 50 werden die 50 größten Werte in die Berechnung einbezogen.

Fonds

Verschiedene Wertpapiere werden hier zusammengestellt. Die Kurse der beteiligten Unternehmen bestimmen gemeinsam die Erfolge oder Verluste der Fondsanteile. Durch die Streuung auf verschiedene, in dem Fonds zusammengefasste → Aktien verringert sich das Risiko.

Fondsmanager

Mitarbeiter einer Fondsgesellschaft, der für einen oder für mehrere Fonds die Aktienauswahl vornimmt. Bei aktiv gemanagten Fonds hat der Fondsmanager freie Wahl im Rahmen des Fonds-Themas (DAW-Werte bei einem DAX-Fonds, Medien-Werte bei einem Medien-Fonds), bei einem passiv gemanagten Fonds wird ein Index nachgebildet (→ Indexfonds).

Freistellungsauftrag

Ein Auftrag an Ihre Bank oder Sparkasse, der sicher stellt, dass Sie bis zu einem Betrag von DM 3000,- für Ledige und DM 6000,- für Verheiratete keine Kapitalertragssteuer auf Ihre Zins- oder Dividendeneinkünfte bezahlen. Beträge, die darüber hinausgehen, müssen versteuert werden.

Fundamentalanalyse

Methode der Aktienkursprognose, die versucht, eine Aktie anhand der Unternehmensdaten (Bilanz, Gewinn- und Verlustrechnung) sowie branchenbezogenen und gesamtwirtschaftlichen Daten zu beurteilen.

Gewinn

Ein wichtiger Posten in der Bilanz, der sich als Differenz aller Einnahmen und Ausgaben ergibt. Er bestimmt maßgeblich die Kursentwicklungen mit.

Gewinn- und Verlustrechnung
Teil des → Jahresabschlusses einer Gesellschaft. In der GuV
werden der Erfolg oder Misserfolg der einzelnen Quellen er-
kennbar gemacht. In ihr werden die Salden der einzelnen Er-
folgskonten, getrennt nach Aufwendungen und Erträgen, ge-
genübergestellt.

Going Public
Neudeutsch für den Börsengang eines Unternehmens, immer
wieder wird auch das „going private" diskutiert, also der
Rückzug eines Unternehmens von der Börse. Eine Notierung
an der Börse ist nämlich mit zusätzlichem Aufwand verbunden, z.B. vierteljährliche Informationspflicht der Anleger.

Hauptversammlung
Einmal jährlich stattfindendes Treffen aller Aktionäre eines
Unternehmens. Hier werden gemeinsam Entscheidungen getroffen, die Arbeit des Vorstandes wird unter die Lupe ge-
nommen. Jeder Aktionär hat eine Stimme, man kann sich aber
auch durch seine Bank vertreten lassen. Aufwendungen, die
Sie für die Fahrt zu einer HV haben, können Sie steuerlich gel-
tend machen.

Hausse
Während dieser Phase steigen die Kurse der Aktien fortwährend nur mit kurzen Unterbrechungen an. Häufig kommt
es dabei zu Übertreibungen, die dann wiederum in einem →
Crash enden können. Der Gegensatz dazu ist die → Baisse.

Immobilienfonds
Spezielle Form der Fonds, bei dem ausschließlich in Immobili-
en investiert wird. Mieteinnahmen und Wertsteigerung der

Immobilie ergeben die Rendite. Anteile an Immobilienfonds sind schwer handelbar.

Index

Der durchschnittliche Börsenkurs einer repräsentativen Mischung von Aktien.

Indexfonds

Hier wird als Grundlage für die Aktienauswahl des Fondsmanagers der jeweilige Index gewählt, z.B. Der DAX oder der Dow Jones. Die Wertentwicklung des Fonds ist demnach auch parallel zum Index.

Indexzertifikate

Im Gegensatz zum Fonds gibt es bei den sogenannten Zertifikaten keinen Manager, der die Aktienauswahl betreibt. Das Zertifikat bildet ganz einfach den Index 1 zu 1 nach. Es gibt Indexzertifikate auf nahezu jeden Index, meist kostet ein Zertifikat ein Zehntel oder ein Hundertstel des Indexes. Bei einem DAX von 7500 Punkten wären das DM 750 oder DM 75. Seit der Umstellung auf Euro kosten die Indexzertifikate dann noch einmal ca. halb soviel Euro (1 Euro = 2 DM).

Investment-Club

Hier schließen sich private Anleger zusammen und koordinieren das gemeinsame Depot. Besonders vorteilhaft ist es, wenn sich hier verschiedene Personen zusammenfinden, von denen jeder ein Lieblingsgebiet bearbeitet, wobei jeder für sein Spezialgebiet die notwendigen Hintergrundinformationen für den Club beschaffen kann.

Jahresabschluss
Am Ende des Geschäftsjahres muss nach handelsrechtlichen
Vorschriften ein Abschluss der Buchführung durchgeführt
werden. Bestandteile sind die → Bilanz und die → Gewinn-
und Verlustrechnung eines Unternehmens.

Kurs-Gewinn-Verhältnis (KGV)
Diese Kennzahl dient zum Vergleich und zur Bewertung von
Aktien. Hier wird dargestellt, wie oft ein erwirtschafteter Gewinn im Aktienkurs enthalten ist. Dazu wird der Kurs durch
den Gewinn pro Aktie geteilt. Eine Aktie ist umso teurer, je
höher das KGV ist.

Kurs-Umsatz-Verhältnis (KUV)
Viele Unternehmen gerade aus den High-Tech-Branchen machen Verluste. Hier kann man also kein KGV berechnen. Um
überhaupt eine Vergleichsgröße zu haben, berechnet man hier
das Kurs-Umsatz-Verhältnis. Das sagt aus, wie häufig der Umsatz pro Aktie an der Börse gezahlt werden muss. Ein hohes
KUV bedeutet analog zum KGV, dass die Aktie hoch bewertet, umgangssprachlich also teuer ist.

Kurswert
Aktueller Preis einer Aktie (z.B. in Euro). Er wird an der Börse durch Angebot und Nachfrage ermittelt. Wollen mehr Anleger eine Aktie kaufen als verkaufen, so steigt der Kurswert
und umgekehrt.

Limit
Die maximal zulässige Bewegung eines Kurses nach oben oder
unten, die Sie persönlich festlegen können. Damit lassen Sie
Gewinne absichern und Verluste reduzieren. Entweder, Sie le-

gen einen Wert bei Ihrer Bank fest, oder Sie behalten die Aktie im Auge und reagieren, wenn der Kurs erreicht ist. Ein Limit ist auch immer dann wichtig, wenn Sie bei marktengen Werten einsteigen wollen. Sollten Sie jemals eine Aktie kaufen wollen, die kurz zuvor in einer Börsensendung oder einem Magazin empfohlen wurde, so sollten Sie auf jeden Fall ein Limit setzen. Damit geben Sie an, bis zu welchem Kurs Sie bereit sind, die Aktie zu kaufen. Ärgern Sie sich nicht, wenn Sie nicht zum Zug kommen. Meist übertreiben diese Werte nach der Empfehlung, um dann genauso schnell wieder zu fallen.

Marktkapitalisierung
Der Wert eines Unternehmens an der Börse. Die Marktkapitalisierung errechnet sich aus der Anzahl der Aktien eines Unternehmens multipliziert mit dem aktuellen Börsenkurs

Marktsegment
Je nach dem, welchen Kriterien eine Firma entspricht, wird sie entweder im amtlichen Handel, im geregelten Markt, im Freiverkehr oder am →Neuen Markt gehandelt. Für jedes Segment gibt es unterschiedliche Zulassungsvorschriften, wie die regelmäßige Informationspflicht der Anleger.

MDAX
Ein Index aus der DAX-Familie, der die Entwicklung von mittelgroßen Unternehmen widerspiegelt. M steht für „mid cap", was übersetzt etwas mittelgroße → Maktkapitalisierung heißt (→ SMAX).

Nasdaq
Der große amerikanische Bruder des Neuen Marktes. Die Nasdaq besteht seit 1971, hier werden inzwischen einige tau-

send Unternehmen notiert. Nasdaq ist die Abkürzung für National Association of Security Dealers.

NAX
Natur-Aktien-Index. Hier werden 20 internationale Unternehmen, die sich durch hohes Engagement für die Umwelt hervortun, zusammengefasst.

Nennwert
Der Nennwert einer Aktie ist der Betrag, den ein Anteil am Grundkapital der Aktiengesellschaft repräsentiert. In der letzten Zeit haben viele Unternehmen den Nennwert ihrer Aktie auf 1 Euro umgestellt.

Neuer Markt
Ein sehr erfolgreiches Segment der Deutschen Börse in Frankfurt. Hier werden mehr als 300 Technologie-Unternehmen (u.a. aus den Bereichen Umwelttechnik, Telekommunikation, Multimedia und Internet) zusammengefasst. Dieser Börsenzweig hatte in der Vergangenheit extreme Zuwächse, die zum Teil jedoch auf der Erwartung und der zukünftigen Entwicklung der Unternehmen basieren und nicht alleine auf fundamentalen Daten. Daher gab es in den vergangenen Monaten immer wieder extreme Einbrüche, wenn die Erwartungen enttäuscht wurden.

Öko-Investment-Fonds
Anlagemöglichkeiten in Fonds, die die beteiligten Unternehmen nach eigenen Kriterien auswählen, die jedoch generell den ökologischen Aspekt (z.B. Recyclebarkeit, ressourcenfreundliche Herstellung etc.) berücksichtigen. Es gibt bei den unterschiedlichen Banken die verschiedensten Möglichkeiten.

Optionsschein
Wertpapier, das es dem Anleger ermöglicht, innerhalb von einer bestimmten Zeit eine bestimmte Menge Aktien zu einem bestimmten Preis zu kaufen. Eignet sich nur für spekulative Anleger.

Performance
Gesamte Betrachtung der Gewinne und Verluste eines einzelnen Anlegers. Diese sollte – auch wenn einige Aktien Einbrüche vorweisen würden – letztlich immer positive für das → Portfolio ausfallen.

Portfolio
Die Zusammensetzung der Aktien, Wertpapiere etc. eines einzelnen Anlegers oder auch eines Fonds.

Rentenfonds
Spezielle Form der gemanagten Fonds, der hauptsächlich in festverzinsliche Staatsanleihen für Renten investiert.

Shareholder Value
Darunter versteht man ein Management-Prinzip, das grundsätzlich von einer stetigen Steigerung des Unternehmenswertes ausgeht. Maßstab hier ist die Ausschüttung der Dividende an die einzelnen Anteilseigner (Shareholders) und die Aktienkursentwicklung.

Stammaktie
Der Inhaber einer Stammaktie ist Miteigentümer an der Aktiengesellschaft. Er hat ein Stimmrecht auf der Hauptversammlung, ein Bezugsrecht für neue Aktien (wenn es nicht aus-

drücklich ausgeschlossen wird) und ihm steht ein Anteil am Gewinn der Gesellschaft zu (→ Dividende).

Streubesitz
Alle frei an der Börse handelbaren Aktien eines Unternehmens. Es handelt sich also nicht um die Papiere, die in festen Händen liegen, beispielsweise beim Bund oder beim Management eines Unternehmens.

SMAX
Ein Index aus der DAX-Familie, der die Entwicklung der kleinen Unternehmen widerspiegelt. Das S steht für „small caps", also gering kapitalisierte Unternehmen. Im SMAX befinden sich Unternehmen, die nicht in den Technologiebranchen tätig sind (→ Neuer Markt).

Technische Analyse
Methode der Aktienkursprognose, die ihre Erkenntnisse ausschließlich aus der Beobachtung bestimmter Indikatoren am Markt, z.B. des Börsenkurses in Form von Chartanalysen, oder auch an der Höhe der Umsätze einzelner Aktien ableitet.

Umsatz
Ein wichtiger Posten in der Bilanz. Hier werden die durch Verkäufe erzielten Gelder zusammengefasst.

Volatilität
Damit bezeichnet man die „Flatterhaftigkeit" oder „Schwankungsfreudigkeit" eines Aktienkurses innerhalb eines bestimmten Zeitraumes.

Vorzugsaktie
Aktiengattung, bei der dem Anleger ein besonderer Vorzug gegeben wird, z.B. bei der Dividende. Dafür verzichten Vorzugs-
aktionäre auf ihr Stimmrecht.

Xetra
Das elektronische Handelssystem der Frankfurter Wertpapier-
börse.

LITERATURVERZEICHNIS

Aktien allgemein

Kiehling, H.: *Kursstürze am Aktienmarkt.* München 1992

Aktien & Einsteiger

Kostolany, A.: *Kostolanys Börsenseminar.* München 1997
Möller, H. W.: *Die Börsen-Formel.* Frankfurt 2000
Redaktion Börse-Aktuell: *Alles über Aktien.* München 1998
Stav, J.: *Get Your Share.* Berkeley 1998

Aktien & Psychologie

Goldberg, v. Nitzsch: *Behavioral Finance.* München 1999
Jünnemann, B.: *Psychologie für Börsen-Profis.* Stuttgart 1997
Kelly, F. C.: *Warum Du gewinnst.* Stuttgart 1999
Kostolany, A.: *Kostolanys Börsenpsychologie.* München 1995

◼ Aktien & Strategien

Beardstown-Ladies: *Anlage-Erfolg durch gesunden Menschenverstand.* Bonn 1997

Buskamp, F. J.: *Mentale Börsenkompetenz.* Frankfurt 1999

Fugger, H.: *Handbuch der erfolgreichen Aktien-Anlage.* München 1999

Lang, U.: *Training für die Börse.* Frankfurt 1998

Lechner, M.: *Kampf um Performance.* Kulmbach 1994

Lynch, P.: *Der Börse immer einen Schritt voraus.* Kulmbach 1990

Malkiel, B. G.: *Börsenerfolg ist kein Zufall.* Edition ntv 1999

Murphy, J. J.: *Visuelle Aktienanalyse.* Frankfurt 1997

Niquet, B.: *Keine Angst vorm nächsten Crash.* Frankfurt 1999

Schaeffer, B.: *Millionen mit Optionen.* München 1990

Schwanfelder, W.: *Internet für Geldanleger.* Frankfurt 1999

Staute, J.: *Börsen-Fieber.* Frankfurt 1998

Tanous, P. J.: *Die Vermögensformel.* Landsberg am Lech 1999

Toppel, E. A.: *Zen an der Börse.* München 1994

◼ Psychologie Allgemein

Ciompi: *Die emotionalen Grundlagen des Denkens.* Göttingen 1999

Gardner, H.: *Kreative Intelligenz.* Frankfurt 1999

Goleman, D.: *Emotionale Intelligenz.* München 1999

Hüther, G.: *Biologie der Angst.* Göttingen 1999

Kriz, J.: *Chaos, Angst und Ordnung.* Göttingen 1999

Psychologie & Praxis

Buzan & Buzan: *Das Mind-Map-Buch*. Landsberg am Lech 1997

Decker, F.: *Den Stress im Griff*. Würzbuch 1999

Day, L.: *Mit Praktischer Intuition zum Erfolg*. München 2000

Theilacker, J. B.: *EQ-Training – Ihr Weg zu mehr Erfolg*. München 1999

Robbins, A.: *Das Power-Prinzip*. München 1995

Seiwert, L. J./Friedrich K.: *Das 1x1 der Erfolgsstrategie*. Landsberg am Lech 1996

Psychologie & Frauen, Männer

Ehrhardt, U.: *Gute Mädchen kommen in den Himmel, böse Mädchen überall hin*. Dortmund 1994

Gray, J.: *Männer sind anders, Frauen auch*. München 1996

Hartmann, D.: *Frauen, die wissen, was sie wollen*. Reinbeck 2000

Hollis, J.: *Im Schatten des Saturn*. München 1999

Johnen, W.: *Die Angst des Mannes vor der Frau*. Frankfurt 1994

Kreissl, R.: *Die ewige Zweite*. München 2000

Rubin, H.: *Machiavelli für Frauen*. Frankfurt 1998

■ *Frauen & Geld*

Lerche, R.: *Warum Frauen weniger Geld haben.* Zürich 1999
Orman, S.: *The 9 steps to financial freedom.* Crown, 1998
Schäfer/Ferstl: *Geld tut Frauen richtig gut.* Landsberg am
    Lech 1999
Sick, H.: *Frau & Geld. Ein Finanzratgeber.* München 2000
Stanny, B.: *Märchenprinzen warten nicht.* Zürich 1999

■ *Wissenschaftliche Arbeiten*

Weber/Vossmann: *Der Dispositionseffekt.* Uni Mannheim
    2000
Weber/Zuchel: *Momentum-Investment.* Uni Mannheim 2000
Weber/Schiereck: *Aktienhandel und Behavioral Finance.* Uni
    Mannheim 1999
Weber/Langer: *Eins plus eins ist mehr als zwei.* Uni Mann-
    heim 1999
Weber/Siebenmorgen: *Risikowahrnehmung.* Uni Mannheim
    2000
Weber/Kramer: *Gewonnen und doch verloren.* Uni Mannheim
    2000
Weber, Behavioral Finance Group Uni Mannheim: *Behavioral
    Finance.*
Schubert, Renate: *Risikoverhalten von Frauen.* ETH Zürich
    1999

Zeitschriften-Artikel, -Dossiers, -Sonderhefte

Psychologie Heute Compact 2/1998: *Frauen*
Psychologie Heute 8/1998: *Was Ihnen in die Wiege gelegt wurde*
Psychologie Heute 11/1999: *Die neuen Männer-Typen*
Psychologie Heute 2/2000: *Selbstkontrolle, Wie Sie sie lernen*
Fortune 11/1999: *A nation of Traders*
Brigitte Dossier 3/1993: *Was machen Sie mit Ihrem Geld?*
Brigitte Dossier 4/1997: *Hört beim Geld die Liebe auf?*
Emma Jan./Febr. 1999: *Dossier Cash*

STICHWORTVERZEICHNIS